大学生社会责任感培育机制及策略探讨

文妙虹　著

北京工业大学出版社

图书在版编目（CIP）数据

大学生社会责任感培育机制及策略探讨 / 文妙虹著．
— 北京 ：北京工业大学出版社，2021.9（2022.10 重印）
ISBN 978-7-5639-8145-8

Ⅰ．①大… Ⅱ．①文… Ⅲ．①大学生－社会责任－责
任感－研究－中国 Ⅳ．① G641.6

中国版本图书馆 CIP 数据核字（2021）第 201465 号

大学生社会责任感培育机制及策略探讨
DAXUESHENG SHEHUI ZERENGAN PEIYU JIZHI JI CELÜE TANTAO

著　　者：文妙虹
责任编辑：贺　帆
封面设计：知更壹点
出版发行：北京工业大学出版社
　　　　　　（北京市朝阳区平乐园 100 号　邮编：100124）
　　　　　　010-67391722（传真）　bgdcbs@sina.com
经销单位：全国各地新华书店
承印单位：三河市元兴印务有限公司
开　　本：710 毫米 ×1000 毫米　1/16
印　　张：11.5
字　　数：209 千字
版　　次：2021 年 9 月第 1 版
印　　次：2022 年 10 月第 2 次印刷
标准书号：ISBN 978-7-5639-8145-8
定　　价：60.00 元

作者简介

　　文妙虹，女，1980 年 5 月出生，广东潮汕人，毕业于中山大学，硕士研究生，现任广州理工学院讲师。研究方向：思想政治教育与党建。主持广州市哲学社会科学规划课题 2 项、广东省高教委重点课题 1 项、广东省教育厅思政课题 1 项、校级重点科研课题多项。参与撰写著作 2 部，参与编写教材 1 本。

　　主持课题项目：2021 年广州市哲学社会科学"十四五"规划项目"基于大学生接受特点的高校思政课教学话语体系创新与实践研究"（课题号：2021GZGJ126）。

前　言

2018 年 5 月 2 日，习近平总书记在北京大学师生座谈会上指出："当代青年是同新时代共同前进的一代。我们面临的新时代，既是近代以来中华民族发展的最好时代，也是实现中华民族伟大复兴的关键时代。广大青年既拥有广阔的发展空间，也承载着伟大的时代使命。"这对新时代大学生的发展提出了要求，具体来说就是：有实现中华民族伟大复兴中国梦的伟大理想，有建设新时代中国特色社会主义的过硬本领，有承担社会责任的能力。因此，增强大学生社会责任感培育的实效性，提高高校思想政治教育的质量，是对新时代大学生社会责任感教育面临的一系列新问题的时代回应，具有深刻的时代背景和重要的研究意义。

本书系统探究大学生社会责任感培育问题，破解当前思想政治教育实效性难题和困境，希望为高校管理者、广大的教师及学生工作者在推进德育育人工作和课程建设方面提供有益的参考。

本书共六章，第一章为大学生社会责任感培育概述，包括大学生社会责任感的内涵及理论基础、大学生社会责任感培育的目标和原则、大学生社会责任感培育的内容等方面；第二章为大学生社会责任感培育的意义，包括从宏观层面看大学生社会责任感培育的意义、从中观层面看大学生社会责任感培育的意义、从微观层面看大学生社会责任感培育的意义等方面；第三章为大学生社会责任感培育现状及其成因，包括大学生社会责任感的现实表现、大学生社会责任感培育存在的问题、大学生社会责任感培育薄弱的原因等方面；第四章为大学生社会责任感培育机制，包括大学生社会责任感内在生成机制、大学生社会责任感外在培育机制、大学生社会责任感培育之协同育人机制等方面；第五章为大学生社会责任感培育策略，包括中国梦视域下大学生社会责任感培育策略、思想政治教育中大学生社会责任感培育策略、国外大学生社会责任感培育策略经验借鉴等方面；第六章为大学生社会责任感培育的实践路径，包括高校教育是大学生社会责任感培育的主要场域、家庭教育是大学生社会责任感培育的基础环节、自我教育是大学生社会责任感培育的关键因素、优化社会环境是大学生社会责任感培育的重要保障等方面。

作者在撰写本书的过程中参考了大量文献资料，在此向涉及的专家学者表示衷心的感谢。由于作者水平有限，书中难免有不足之处，恳请广大读者朋友批评指正。

目　录

第一章　大学生社会责任感培育概述

第一节　大学生社会责任感的内涵及理论基础

一、大学生社会责任感的内涵

研究大学生社会责任感的培育，首先应该了解与责任相关的概念，下文就对责任、责任感、社会责任感的相关概念一一进行了阐述。

（一）责任与责任感

1. 责任

中外历史上的思想家都对责任进行过描述。在西方，柏拉图、亚里士多德、康德等思想家都对责任进行了论述。在此过程中，责任的内涵得到丰富，责任涉及的领域从法律扩展到伦理学，责任伦理逐渐与生活实际紧密联系，成为人们实践的理论指导。中国古代虽然没有明确指出"责任"二字，但关于责任的论述也有许多，这些论述包含了丰富的责任内涵。"当仁不让""舍我其谁""天下兴亡，匹夫有责""苟利国家生死以，岂因祸福避趋之"……这些都道出了责任的重要意义。

"责任"在《现代汉语词典》中的解释：其一，分内应做之事；其二，没有做好分内应做的事，因而应当承担的过失。在《伦理百科辞典》中，提出责任关注道德责任和义务，认为"责任是指人们对自己行为的善或恶所应承担的责任，它表现为对他人或社会应尽的道德义务"。从以上可以看出，责任的含义众多，在不同的场景有不同的含义，有的偏重法律责任，有的注重道德责任。无论是何种层面的责任，都是社会所特有的。因此，责任是指社会主体从事相关的活动、完成相关的任务和完成任务后承担相应后果的要求，是社会主体对他人、社会的回应。责任主体做出回应就要得到奖赏，拒绝回应就会受到处罚。

2. 责任感

责任是客观存在的，大学生要积极履行责任，必须具有责任感。只有有了责任感，大学生才会积极主动地承担责任，为社会、国家做出应有的贡献。从不同的角度而言，责任感有不同的含义。从人的本质看，责任感反映的是人的个人价值与社会价值的问题、个人与社会的相互关系问题。要想实现人的价值，就要对社会有所贡献，就要承担不同的责任，具有责任感。从心理学角度看，"责任感是指个体对自己在承担人类社会和自身发展的责任中做出的行为选择、行为过程及后果是否满足内心需要而产生的不同态度的情感体验"。从德育角度看，"责任感是指个体对自身在人类社会和自我发展中所承担责任的一种自觉意识"。责任感就是社会主体完成与资格相关的社会任务时，内心感到的满足和愉悦以及没有完成任务时内心的不安、愧疚。

责任感具有以下特点：一是客观性。责任感虽然属于情感范畴，但不是人们主观臆造的，它是人类社会对每个人的必然要求，马克思的"规定、任务、使命"体现了这一点。二是层次性。在人类社会中，人们处于不同的工作岗位，有着不同的社会角色，拥有不同的社会关系，因此需要承担不同内容的责任。在一个人的不同的人生阶段，他要承担的责任也是有差异的。随着自身的成长，一个人承担的责任总体上是从少到多，从简单到复杂，从低层次到高层次，因此产生的责任感就具有层次性。三是自律性。责任感不是外界强加给责任主体的，而是外在的责任引起主体内心的情感体验，是主体把外在的规定内化为自身的内心需要，把外在的规范内化为自身角色需要的规范。

责任感主要由认知、情感、意志、行为四部分构成。人们首先产生责任认知，责任情感伴随责任认知而产生，责任意志保障认知和情感的发展，责任行为检测责任感强烈程度。责任感是人们从外部的规定到内心自觉自愿地服从，并最终把道德知识外化为自己的道德行为，是一个从被迫接受到主动接受的过程。责任认知是前提，要培养责任感，首先要有责任认知，明确责任感的内容是什么、具体表现是什么，面对不同的情景，要不要承担及如何承担责任等。责任情感是基础，个人对责任的履行要充满热爱，主动化消极的情感为积极的情感，自觉自愿地承担责任。在培育责任感的过程中，责任情感是保障责任行为发生的重要因素，但是人的情感是复杂多变的，往往在积极与消极、肯定和否定中摇摆，因此，必须用坚强的责任意志来调节，使责任情感从消极向积极转变。责任行为是目的，只有责任行为才能体现和评价责任感，一个具有责任感的人，一定是随时随地关注责任，表现出责任行为，养成责任行为习惯的人。一个只具有理论知识，没有表现出责任行为的人，则不是一个真正具有责任感的人。

（二）社会责任感

责任是社会客观存在的，根据责任的主体，责任可以分为自我责任和社会责任，相应地形成了自我责任感和社会责任感。广义的社会责任除了指对他人、社会和国家负责，还指对自身负责。狭义的社会责任指从他人层面、社会层面、国家层面履行相应的责任。因此，社会责任感主要是指享有独立人格的社会主体对他人、社会、国家承担责任的自觉意识和情感体验，即自觉把社会行为规范和责任转化为内心的道德追求。

社会责任感具有以下特征：一是主动性。责任主体的责任行为是出于主体的自由意志，主体主动接受社会的使命、任务，主动承担相应的后果，一般来说，主体意识越强，社会责任感越强烈。只有个人具有了主动性，把自身当作社会道德主体时，才会积极承担对他人、社会、国家的责任，才会形成责任感。二是利他性。社会责任感是主体积极完成和履行使命、任务，把外在规定内化为内心的意识，积极自愿地对他人和社会做出贡献。这种利他行为进一步符合了责任主体的内心道德需求，人们会加强责任感，做出更多的负责任的行为。

社会责任感具有丰富的内容，可以从三个层面对大学生的社会责任感内容进行理解：一是微观层面，与个人的实际生活密切联系。如以自律、互助为特征的遵守社会规则、遵守公共道德、维护秩序、交友从善等。二是中观层面，以关注、参与为特征的关注政治、法律、政策，关注社会问题、公益问题，根据自身的能力，积极参与建设。三是宏观层面，认同和维护国家的意识，维护民族意识，履行国际义务等。

我们每一个人都要具有社会责任感，特别是当代大学生，作为 21 世纪的人才，建设祖国的中坚力量，必须具备社会责任感，为社会发展而努力，为国家繁荣而奋斗。大学生社会责任感是指新时代的大学生，在一定思想理论的指导下，武装自己的头脑，提升自己的专业水平和道德内涵，把责任知识外化为责任行为，为他人、社会、国家做出贡献。对他人负责，就是主动积极关心身边的人，不用冷漠的态度对待他人；对社会负责，就是为社会贡献自己的力量，兼顾个人与社会的利益，当它们发生冲突时，首先考虑社会利益，实现社会价值；对国家负责，就是关心国家的方针政策，关注国家的发展动态，具有强烈的民族自尊心与自豪感，不崇洋媚外，对国家充满信心，坚信我们的国家一定会走向繁荣富强。

二、大学生社会责任感的理论基础

（一）中国传统文化关于社会责任的理论

责任作为一个古老的话题，在整个道德领域占据很高的地位。中国历来以负责任大国的形象示人。责任的感召激励着无数的仁人志士为国家大义而无私奉献。儒家思想的代表人物孔子的责任思想来自他的忧患意识，他把社会规范作为个体行为的准绳，要求自省和慎独，进而为国家发展和民族进步负责。"先天下之忧而忧，后天下之乐而乐"体现了范仲淹心系国家、关怀百姓的忧国忧民意识。孔子强调的社会责任主要是对君子和士做出的要求，其中"士不可以不弘毅，任重而道远"就要求士人要有鸿鹄之志和坚毅、非凡的品质，因为他们肩负传承优秀文化和振兴中华的重任。"苟利国家生死以，岂因祸福避趋之"体现了林则徐为维护中国主权和民族利益，把个人生死和祸福抛却脑后的民族责任感。"鞠躬尽瘁，死而后已"体现了诸葛亮为国肝脑涂地，直到生命的终止。"天下兴亡，匹夫有责"体现了顾炎武强烈的民族大义。"修身、齐家、治国、平天下"论述了个人与家庭、国家的关系，强调个体只有在完善自身基础上才能建设好家庭，进而治理好国家。

古代传统思想中不仅包括对国家和民族的责任，还有对家庭和他人的责任。孔子言论中对家庭的责任感主要体现在"孝悌"方面，其中"色难"理论就具体论述了子女对父母的态度不是所谓的"能养"，而是在精神层面的"尊敬"。"勿以恶小而为之，勿以善小而不为"体现了责任行为无所谓大小，积善成德，只有这样才能不断地将道德内化于心，进而完善自己的行为。中国古代的宗法社会和家国天下的思想，形成了"孝亲敬长"的和谐人伦关系，每个人都能清醒地认识到自身的角色，并能自觉地承担责任。无论是社会地位的高低，还是身份的尊卑，都客观地反映了各界人士对国家前途的关心和重视，这些都能为新时代大学生社会责任感的培育提供借鉴。

（二）马克思主义关于人的本质和个人与社会关系的学说

马克思在《关于费尔巴哈的提纲》中对人的本质做出了独到、深刻的见解，"人的本质不是单个人所固有的抽象物，在其现实性上，它是一切社会关系的总和"。他从劳动异化的视角第一次把人置身于社会这个大背景下来做出深层次的回答。人的社会属性决定了个人是社会的一部分，社会的有序发展为人的发展提供了必要条件。马克思曾说过："如果使一个人脱离他的全部经验生活关系，脱离他的活动，脱离他的生存条件，脱离作为他的基础世界，脱离他自己的肉体，那么他当然就不会有其他职责和其他使命。"个人与社会是辩证统一的，个人发展和社会发展是一个过程的两个方面。社会为个人提供发展空间，个人承担特定的责任也是社会对人的基本要求；个人的发展能更加优化社会的人口结构，提高人口质量，提升社会成员的人文素养，为社会的发展提供高素质、创造型人才，推进和谐社会的建设进程。因此说社会发展既是个人发展的依托和基础，也是个人在全面发展中不断完善和进步的结果。但是，由于个人与社会的相对独立性，二者在一定情况下也存在着矛盾的一面，这就需要大学生明确我国社会主义国家的性质，厘清二者的关系，坚持集体主义原则，兼顾个人和集体利益，必要时个人利益从属于社会利益，自觉维护集体的利益，不逃避、不推脱，勇于承担责任，以高度的奉献精神服务社会，从而实现自身的社会价值。

（三）新时代中国特色社会主义青年社会责任思想

新思想源于新时代，也为新时代的发展提供理论指导。新时代中国特色社会主义思想坚持以人民为中心，把人民的向往作为奋斗目标，从理论和实践层面对"坚持和发展什么样的中国特色社会主义"这一根本主题做出了系统的阐释。它是党站在新的历史方位，在对党的十八大以来所取得的重大成就做出总结的基础上，所提出的治国理政的新思想，是党和人民的实践经验，开辟了马克思主义的新境界。

任何时代的发展都少不了心怀国家和人民的热血青年的参与，我党历来关心青年成长，关注青年教育和发展。党的十八大以来，习近平总书记在历次大学生座谈会上发表的一系列重要讲话，形成了青年成才成长的理论，丰富了新时代中国特色社会主义思想的内容，也为新时代培养具有高度责任感的大学生提供了理论和实践指导。

新时代青年成长成才理论从立志、立学、立德、立责四个方面为新时代大学生社会责任感的培育提供了理论基础。首先，把实现共产主义作为理想信念。习近平把理想信念比作精神之钙，并且提到"中国梦是我们的，更是你们青年一代的。中华民族伟大复兴终将在广大青年的接力奋斗中变为现实"。大学生作为新时代的有生力量，他们的创新性和可塑性强。习近平告诫青年把国家梦作为个人梦的依托，坚定理想信念，做到心中有信仰，脚下有力量。

其次，继承和弘扬优秀传统文化。习近平强调："青年要利用好学习的黄金期，把学习作为责任，并形成一种行为习惯。"习近平从青年应该学什么和怎样学两个角度做出论述，指出在学习内容方面，青年既要学好有字书，了解博大精深的中华文化，弘扬红色血脉，并立足现在，学习系统的马克思主义理论知识，又要学好无字书，提升理论修养，拓展文化视野；在学习方法方面，扎根实践，在实践中磨炼意志，练就真本领，真正达到知行合一。

再次，以爱国、敬业、诚信、友善作为德行标准。大学生要用习总书记的"扣子"理论鞭策自己，秉承时代核心价值观，走好人生每一步。"扣子"理论指出青年应践行个人层面的价值观：勤于学习、提高道德修养、明辨是非、善决断、踏实做人、扎实做事。

最后，把实现中国梦作为毕生奋斗的最高目标。面临人才竞争和就业压力，新时代对青年提出了新要求，青年作为中国梦的代言人，应响应习总书记的号召，树立大局意识，抓住契机，锐意进取，用创新思维引领新时代的潮流；要深入基层，发扬艰苦奋斗的精神，勇于迎接挑战，为自己搭建出彩舞台，不仅要讲好中国故事，还要为中外文化交流做贡献。

第二节　大学生社会责任感培育的目标和原则

一、大学生社会责任感培育的目标

（一）提高大学生社会责任感水平

社会责任感水平决定着大学生履行责任、承担义务的能力和动力，主要包括社会责任意识和社会责任素质两个方面。

1. 明确社会责任意识

意识对人的行为具有一定的驱动作用。社会中的公民只有意识到自己的责任之后，接受对应社会角色和社会身份，才能在此基础上对自己和社会的其他人负责。同时，明确社会责任意识能够使承担者在负责的过程中保持相对积极的情绪，有动力和激情对自己的责任进行有效承担。社会责任意识的明确是大学生社会责任感培育中最重要的环节。目前，学界比较认同的是全国政协委员胡卫的界定，他提出，"所谓'学会负责'，是学习和做到在做出满足自己需要和愿望的个人决定时，对自己、对他人、对社会，以至对影响人类生存的生态环境等有全盘考虑并承担起应有的责任"。人的社会性决定了人在社会中的行为活动不是全无节制的，而是有一定的限制的，我们做一件事情时要在定位自身角色的基础上，使之符合社会的要求和期待，对自身的选择和行为承担相应的责任。

2. 提高大学生承担社会责任的素质和能力

提高大学生社会责任感最重要的方法之一就是提高大学生的思想道德素

质，并提高大学生承担社会责任的素质和能力。大学生承担社会责任的素质和能力既包括身体素质等硬性条件，也包括大学生的心理、知识、技能等软性素质，是公民素质的重要内容之一，要求大学生在正确认识和行使自身权利的基础上，了解和明晰自己对他人、社会、国家等应承担的责任，并通过不断的理论学习、实践训练等，提升承担上述责任的实践能力，逐渐形成并具备较高的社会责任感，成为一名优秀的社会公民。由此可见，提高大学生承担社会责任的素质和能力，对其进行责任精神的熏陶培养是增强大学生责任感的重要途径，可为构建和谐社会和实现中国梦输送最有担当的建设人才。

（二）培养全面发展的人

现代社会日新月异的发展带来了技术的变革，同时也改变了人们的思维和生活方式，在这一发展中，人与人之间的交往范围不断扩大，极大地增加了人的社会责任范围。而要适应现代社会的这种发展变化，承担起现代社会的责任，就需要塑造一批适应社会全面发展的社会新人。高等院校承担着培养祖国接班人的重任，培育大学生的社会责任感是适应社会新变化的迫切需求。正如"教育应当促进每个人的全面发展，即身心、智力、敏感性、审美意识、个人责任感、精神价值等方面的发展；应该使每个人借助于青年时代所受的教育，形成一种独立自主的、富有批判精神的思想意识，并培养自己的判断能力，以便由他自己确定在人生的各种不同的情况下他认为应该做的事情"。大学生社会责任感培育的最终目标是培养"有理想、有道德、有文化、有纪律"的新人，以大学生的健全人格为导向，明确社会责任感，培养大学生完善的责任品质，使其愿意主动承担这份责任，成为能担负起责任的人和建设和谐社会的公民。社会责任感培育的目标要求高校和教育者在教育过程中，要对症下药，从学生的实际问题入手。当前，学生普遍缺乏崇高的理想和明确的目标，就业和前途的不确定性使他们对未来表现出迷茫的态度，甚至产生消极逃避和失落心理，学生不能明确自己的社会地位，确认自己的社会角色，也就无法承担起对社会的责任。因此，在对学生进行社会责任感培育的过程中，要站在学生的立场，将抽象的理论运用恰当的方式转化成他们便于理解并可以接受的内容，运用正确的价值体系对学生进行循序渐进的引导，使其自身价值观与社会发展要求相适应，最终培养出德智体美劳全面发展的社会主义建设者。

（三）为实现中华民族伟大复兴的中国梦做贡献

2012 年 11 月 29 日，习近平总书记在国家博物馆参观"复兴之路"展览时提出了"中国梦"的概念，他说："实现中华民族伟大复兴，就是中华民族近代以来最伟大的梦想。""中国梦"核心目标可以概括为"两个一百年"的目标，即中国共产党成立 100 年时全面建成小康社会、新中国成立 100 年时中华民族实现伟大复兴。"中国梦"把国家、民族和个人团结为一个命运共同体，把国家利益、民族利益和个人利益紧紧地联系在一起，是全中国人民的共同梦想。"中国梦"要通过走中国特色社会主义道路、坚持中国特色社会主义理论体系、弘扬民族精神和凝聚中国力量实现，通过政治、经济、文化、社会和生态文明五位一体建设。"中国梦"的实现离不开社会中的每一个人，每个社会成员都要为这一目标坚持不懈地贡献自己的力量，而凝结每个社会成员共同努力的纽带就是社会责任感，这是社会成员在长期的社会生活中形成的为实现社会发展和伟大复兴中国梦这一目标而达成的共识。从历史唯物主义的角度可以印证其合理性：人是社会中的高级动物，是社会的进步和发展促进了人们思维方式的改变，最终促进了人的发展，在社会中发展的人同时要对社会的发展建设承担责任，社会责任感是社会各种关系和谐的关键所在。社会发展的最终目标是个性的充分自由展示与对社会责任的全面自觉承担的完整统一，它是人类社会责任感的最高目标，也是大学生社会责任感的远期培养目标和最终培养目标。

大学生作为社会成员的一部分，其社会责任感的提升对实现"中国梦"具有重要作用。在未来的社会主义社会当中，应让大学生的社会主义荣辱观得到改进，思想道德行为的取向走向正轨，最终达到贯彻和落实社会主义思想道德建设的目标。对大学生进行社会责任感培育的目的在于提高其社会责任意识与思想道德修养，促进其正确人生观、世界观和价值观的形成，并且使大学生以正确的态度和视角认识当今社会及其发展的科学规律，关注国家命运和未来，把思想上的认识转化为实际行动，促进自身形成良好的行为习惯，将个人的发展努力与"中国梦"紧密结合在一起，为民族复兴、国家发展出力。在大学生社会责任感培育的过程中，帮助学生提高社会责任感，不仅有利于社会风貌的改善，还可以使学生在面对复杂的社会时，坚定自我，不丧失信心，为"中国梦"的实现提供源源不断的动力。

二、大学生社会责任感培育的原则

原则是人们在一定条件下观察和处理问题时必须遵循的准则。下文以思想政治教育理论为基础，针对大学生社会责任感培育的内容、特点，提出了以人为本、政治方向、实践践行、因材施教、系统教育和隐性教育等原则。

（一）以人为本原则

"以人为本"是科学发展观的核心内容，是党全心全意为人民服务宗旨的体现，是推进社会主义和谐社会和实现中华民族伟大复兴遵循的主要原则，也是大学生社会责任感培养的基本原则。以人为本就是要尊重学生、了解学生，并要站在学生的立场和角度进行新的教学方式尝试，灵活选择教育方式，即通过师生间的换位思考，运用心理调适、人生激励系统理论等，不断寻找恰当、巧妙的方式为受教育者提供更好的教育服务，进而提升社会责任感培育的效果。简言之，在社会责任感培育过程中，施教者应将被教者（大学生）看作教育主体，充分尊重学生的主体地位，施教者通过引导、启发的方式研究被教者的内在教育需要，营造一个民主、和谐、宽松的教育氛围，有目的、有计划地进行各种教育活动的规范和组织，进而把他们培养成为可以自主、能动，并且有创造性地进行认识和实践活动的社会主体，来实现社会责任感培育目的的行为准则。这一原则的特点是要重视被教育者的特点，实现教书育人的根本目的，为一切学生的成长成才和全面发展服务。

考察我国现行教育，不难发现教育者与受教育者是一种从属关系，教育者把思想、观点和知识等通过讲授和灌输的方式传达给受教育者，教育者处于主导地位，受教育者处于被动地位，这种情况极其不利于大学生的社会责任感培育。教育者坚持以人为本原则首先要转变传统教育观念，抛弃传统的强制观念，打破传统的师生二元对立状态，尊重学生的主体地位，调动学生的积极性和主动性，与学生平等地交流和对话，并身体力行地引导学生在实践中强化责任感。其次，要充分关注学生个体个性的多样性，在培育过程中照顾个体的不同特点，开展因材因人施教，反对"一刀切"的机械教学。再次，教育者要转换角度，从学生的合理需要出发，尽可能地创造教学条件满足学生的成长需求。要重视传统优秀文化的弘扬，重视学生的人文关怀和道德教育，塑造学生健康人格，培养学生珍惜生命、关爱自己的意识，进而热爱自然、关爱他人、学会感恩，成为具有人文情怀的新时代学生。最后，学生也应发挥自身的主体作用，发挥自我教育和管理的主观能动性，与教师配合，不断提高社会责任感认知，强化自我教育观念，逐渐养成具有社会责任感的意识和习惯，由被动接受教育培养转为内在主动、自觉地接受，与教师共同完成培养任务。

（二）政治方向原则

政治方向原则是指在社会责任感培育过程中，要通过各种方法和手段对大学生进行正面教育，积极引导教育，及时纠正学生的各种错误认知和行为，使其社会责任感观念与社会主义核心价值观和社会主义的政治方向相一致。我国高校的培养目标是把大学生培养成社会主义事业的合格建设者和可靠接班人。

在高校的教育实际中，言论过于自由、随意，虽然体现了学术自由，但是也存在着与党和国家政策、思想和理论相抵触的地方。没有认识的引导，关心和责任将是盲目的。任何教育都要保持正确政治方向，尤其是社会责任感培育中，只有方向正确才能培养出合格的人才，所以，要保证社会责任感培育在党的政策和理论认可的范围内进行。从大学生社会责任感的形成过程来看，对社会责任感的认知是培育的起点，大学生产生认知，然后才能将其内化为思想意识，最终外化为行为。因此，大学生对社会责任感认知正确成为社会责任感培育成功的关键。在社会主义制度下，大学生社会责任感培育必须给学生正确的政治引导，保证社会主义的政治方向。

1. 坚持社会主义方向不动摇

我们要把学生培养成社会主义事业的可靠接班人，因此，大学生社会责任感培育要坚持社会主义政治方向不动摇，用社会主义核心价值观来武装和引领大学生思想。

2. 紧紧围绕"中国梦"的实现

大学生的社会责任感培育要符合新时期我国和民族发展的总任务和总愿景，要以中国的伟大复兴和"中国梦"的实现为中心，把社会责任感的认知、认同和践行同这些紧密结合，塑造具有时代社会责任感的大学生，使其肩负使命，推动民族和社会发展。

3. 继承革命优良传统

我党在100年的辉煌奋斗历程中形成了艰苦奋斗、自力更生、实事求是、密切联系群众、批评与自我批评等光荣的革命优良传统。大学生的社会责任感培育需要继承这些优良传统。使得大学生的社会责任感培育中流淌着革命优良传统的血液。

4. 坚持教育方法的多样性

高校要结合大学生的发展需求和性格特点，善于运用现代的通信手段和网络工具，利用大学生喜闻乐见的形式进行政治方向引导，避免空洞说教，增强时代感和说服力，保证教育的良好效果。

（三）实践践行原则

《中共中央、国务院关于进一步加强和改进大学生思想政治教育工作的意见》指出："要积极探索和建立社会实践与专业学习相结合、与服务社会相结合、与勤工助学相结合、与择业就业相结合、与创新创业相结合的管理体制。

认真组织大学生参加军政训练、社会调查、生产劳动、志愿服务、公益活动、科技发明和勤工助学等实践活动，使大学生在社会实践活动中受教育、长才干、作贡献，增强社会责任感。"要使学生在履行社会责任上化被动为主动，将内在的意识转化为物质层面的行动，实践是不可或缺的重要环节。在教育学生时，不能仅仅通过理论上的教育、道德上的要求，而且要将学生引入实践的情境，使其在情境中自觉受到熏陶。大学生社会责任感培育必须体现在实践的践行上，即责任行为上。大学生只有在实践中才能深化对社会责任感的理论认识，获得对社会责任感实践的亲身体验和感受，实现"理论—实践—再理论—再实践"的一个循环学习，内化道德情操，外化社会责任行为。因此，学校、家庭、社会要提供更多的机会和平台，鼓励和引导大学生参与实践活动中，了解社会情况，学生也应积极主动地投身到社会实践和志愿服务中积累经验，陶冶德行，收获履行责任行为带来的感受，实现社会责任感的养成。

（四）因材施教原则

社会责任感培育的对象是一个特殊的群体，每个大学生都是一个具体鲜活的人，他们有着不同的家庭背景、不同的成长经历、不同的成长环境，兴趣性格也千差万别，智商情商也存在差异，这种情况决定了社会责任感培育过程中除了集体教育外，还要对大学生区分对待，因人而异，因材施教。

1. 依据学生的实际情况设置社会责任感培育内容

大学生在不同阶段的需求和特点是不同的，教育者要根据实际情况进行教育内容的安排。例如，对大一新生重点进行生命安全责任感培养，对大二学生进行以学业为主的社会责任感培养，对大三学生进行家庭责任感及职业责任感的培养，对大四毕业生进行感恩培养等。

2. 教师与学生之间建立平等的对话关系

要建立新型的平等师生关系，教师应加强与学生个体的交流，了解掌握学生具体的、真实的想法，针对学生的问题制定措施和方案进行教育和帮助。

3. 运用激励表彰机制

教育者要鼓励学生积极参与公益活动、志愿者活动和社区服务，根据学生社会责任感方面的特点，安排学生执行不同的任务，使学生获得承担责任的乐趣，并适时进行表彰和奖励，激发学生的社会责任感，产生良好的影响。

4. 运用帮扶反馈机制

高校教师要合理利用反馈机制，了解学生个体的问题和弱点，对社会责任感较弱的学生进行有计划的帮扶和关心，重点观察，制订个性化的培养方案，提升学生的社会责任感，实现学生的全面发展。

（五）系统教育原则

大学生社会责任感培育是一项系统工程，这项系统工程涉及思想政治教育学、哲学、伦理学、教育学、社会学、心理学、管理学等多学科知识，需要综合运用系统论、控制论、信息论等科学方法，需要系统、整合、优化各项知识，整合校内外资源，形成教育合力。

从德育系统论视角看，构建社会责任感培育内容体系的基本要求包括：循序渐进，系统完善；德育规范，序列合理；相互衔接，螺旋上升。在德育系统论指导下，注重社会责任感培育内容的体系性，能更好地实现学生责任感培育系统最佳运行和系统综合优化。

1. 循序渐进，系统完善

在德育系统下，社会责任感培育内容体现着从低到高，从生命到行为，从成人到成才，从索取到奉献的认识规律，避免了逻辑和内容的重合，各部分内容相互依存、密不可分、互为一体、循序渐进，最终达到一个整体。

2. 德育规范，序列合理

在德育系统下，社会责任感培育内容呈现出从自我责任感到家庭责任感到社会责任感再到国家责任感的序列递进，各内容要素完整，层次清楚，能帮助学生树立理想，提高素质，实现人生价值。

3. 相互衔接，螺旋上升

在德育体系中，各部分内容相互和谐，递进有序，不断提升。小学、中学和大学之间实现了有效衔接，社会责任感培育的内容呈现阶梯传递，学生的社会责任感呈现螺旋上升的趋势。

（六）隐性教育原则

美国社会学家杰克逊提出了"隐性课程"的概念。在大学生社会责任感培育过程中采取隐性教育原则是指通过无意识的心理活动影响个体道德素质的形成，从而对学生产生潜移默化的影响。这种隐性教育原则包括物质层面、文化层面和制度层面。

1. 物质层面和精神层面结合原则

大学校园要注重修建宿舍、食堂、实验室和教学楼等物质层面的硬件设施，创建干净、整洁的环境，更要增强学校的文化氛围和气息，通过组织志愿服务、倡导先进模范、开展集体活动、宣传校史校迹等加强学生精神层面的教育。

2. 榜样和生活结合原则

高校既要发挥榜样和典型的作用，宣传科学巨匠、历史伟人、道德模范的事迹使学生效仿，促进学生产生向上的动力，又要从学生的生活出发，注重学生身边和生活中榜样的挖掘，通过学习周围道德高尚的人，增强学生的社会责任感，进而实现学生的全面发展。

3. 正面引导和润物无声结合原则

大学生的社会责任感培育既需要正面的引导，又要体现润物无声的力量，实现正面引导和润物无声的结合，还要体现人本主义精神，注重以受教育者为本，把受教育者作为主体和核心。

第三节 大学生社会责任感培育的内容

一、自我责任感培育

大学生自我责任感培育是社会责任感培育的前提和基础，包括生命责任感培育、行为责任感培育和未来责任感培育三方面内容。

（一）生命责任感培育

生命是人履行一切责任的载体和起始，人只有珍惜自己和他人的生命，才能为自己负责，进而愿意承担社会责任，产生高度的社会责任感。因此，高校进行生命责任感培育要教育学生主动思索生命的意义，正确认识生命存在的价值，关心生存条件，化解生存危机；同时，关注生命的质量，平等地对待其他物种的生命。迄今为止，我国学校教育偏重卫生知识的传授，忽视健康价值和生命意义的教育。珍爱生命、爱护生命和尊重生命是人生其他一切价值的前提和基础，古希腊哲学家亚里士多德说："一个人对邻人的友善，以及我们用来规定友爱的那些特征，似乎都产生于他对他自身的关系。"生命对于每一个人来说都是最珍贵的，人的生命包括自然生命和精神生命，而认识到自己生命存在的意义和价值、保护生命是当代大学生社会责任中最基本的责任。

1. 尊重自然生命

自然生命是生命存在的物质载体，是个体生命的基础，只有自然生命存在，人才能谈得上其他。大学生应树立生命意识，掌握生存常识、自救能力、安全能力，提高生存能力，时刻维护生命安全，有正确的生命观和生死观。

2. 保护身体健康

科学的健康观包括身体健康、心理健康和道德健康，三者是相互联系、不可分割的。身体健康是基础，心理健康是关键，道德健康则是统帅。大学生要想做到保护身体健康，应从以下四个方面入手。

第一，重视身体健康。大学生应关心身体，合理饮食，自觉参加体育锻炼，讲究个人卫生，养成良好的生活习惯，少做吸烟喝酒、通宵熬夜、暴饮暴食、沉迷网络等对身体有害的事，养成健康意识，正视对生命的责任感。

第二，关注心理健康。大学生应走出健康只包含身体健康的误区，重视心理健康，正确地看待自我，客观地评价自我，保证心理健康，提升对环境的适应能力，有实现和谐人际关系的能力；面对挫折和不如意，学会排解压力，有良好的抗挫折能力，有预防心理疾病的常识，学会情绪的控制和管理，保持心情愉悦。

第三，具备安全意识。珍惜生命还需要注意安全，包括交通、财产、人身等方面的安全。大学生应遵守交通规则，树立交通安全意识，不乘坐不规范的交通工具，出行时不走危险的道路或者到危险的地区；注意财产安全，遵守银行、网络等管理规定，避免金钱丢失；注意人身安全，遵守法律和校纪规定，不打架斗殴，不到危险的地方，不参加传销及非法组织；注意防火防盗，掌握必要的自救常识。

第四，做到道德健康。道德健康的标准："不得以损害他人的利益来满足自己的需要；有辨别真伪、善恶、荣辱、美丑的能力；能按社会准则约束、支配自己的行为；能为人们的幸福做贡献。"道德健康是一个人较高层次的健康，需要大学生注重道德修炼，在生活、交往中坚守自己的道德原则和底线，面对不良现象和问题能很好地调节心情，养成正确的世界观、人生观和价值观。

3. 承担精神生命责任

大学生除了要做到尊重自然生命，保护好身体健康，还需要对自己的精神生命承担责任，提升生命的精神价值和质量，实现生命精神对于他人和社会的价值，即使自然生命结束，也要争取精神生命绽放光彩。因而，大学生要刻苦学习，锻炼本领，为社会主义事业和"中国梦"的实现做出贡献。

（二）行为责任感培育

大学生需要具备对自己行为负责的意识和能力。一个行为者为其行为的产生承担责任的过程，在某种重要的意义上是使他成为自己的过程。如果存在真的先于本质的话，人就要对自己是怎样的人负责。所以存在主义的第一个后果是使人明白自己的本来面目，并且把自己存在的责任完全担负起来。当我们说人对自己负责时，并不是指他仅仅对自己的个性负责，而是指他对所有的人负责。大学生对自己言行负责需要从以下几个方面做起。

1. 遵纪守法

遵纪守法是大学生对自己言行负责的起始。大学生是社会上的公民，多数人是年龄满 18 周岁的青年，拥有完全刑事责任能力。因此，大学生虽然在教师和父母眼中是"孩子"，但是在法律上已经是一个成年人了，面对法律时，大学生也必须承担责任。遵纪守法是大学生的基本素养，也是大学生应尽的义务。遵纪守法对营造公正的社会环境、创建和谐社会有着重要的作用，大学生作为社会中的先进分子，应该带头坚守和模范遵守，引领社会守法遵纪风气。

2. 树立正确的学习观

大学生需要树立正确的学习观，把学习作为主要任务，有正确的学习态度，不断学习科学文化知识，树立终身学习的观念。同时，大学生要有坚持的毅力和恒心，通过知识的积累使自己的精神世界不断丰富，思想境界不断提升，把学习与履行社会责任联系起来，使自己肩负社会责任，成为对社会有用的人才，助力实现"中国梦"。

3. 奉献乐群

大学生不光要为自己负责任，也要为集体和社会贡献力量，所以，大学生奉献乐群的程度是衡量其社会责任感强弱的重要指标。奉献是个人为他人、为社会去输出能力、做出贡献的一种精神，大学生应通过志愿活动、公益项目等奉献于社会，用爱心、责任心去帮助需要帮助的人，为社会带来向上的力量。集体是大学生生活的必需空间，班级、寝室、学院、社团和支部等都是大学生的集体组织，大学生在集体中成长，受到集体的关爱和帮助，也需要为集体做出贡献，回馈集体的帮助，为集体营造团结、融洽的氛围做出贡献。

（三）未来责任感培育

对自身未来发展的关注是大学生自我责任感的重要组成部分，一个人不仅要活在当下，还要面对未来，把自己的一切与未来紧密结合是一种对自己高度负责的表现。正如联合国教科文组织指出的："人类发展的目的在于使人日臻完善；使他的人格丰富多彩，表达方式复杂多样；使他作为一个家庭和社会的成员，作为一个公民和生产者、技术发明者和有创造性的理想家，来承担各种不同的责任。"意大利哲学家马志尼也主张："你们有生命，因此你们有生活的法则……发展自己，行动起来，按照生活的法则生活，是你们首要的，不，是你们唯一的责任。"德国近代著名哲学家包尔生也认为："个人的第一个义务是发展和运用自然赋予他的能力和体力，使他的生活变得美好。"

1. 大学生要有崇高的理想

理想信念是人奋斗和生活的精神支柱，也是产生社会责任感的精神动力，而社会责任感则是实现理想的前提条件。大学生对自己负责的表现就是有崇高的理想和目标。因此，高校要引导大学生树立远大的志向和理想，用社会主义建设目标和中国梦的民族理想为大学生做思想导航，指导学生结合目标和理想制定科学、可行的生涯规划，把个人成才目标与社会需要紧密结合，并把个人的才华和能力用到祖国和社会需要的地方，为提高人民生活和建设祖国贡献力量。在这一过程中，大学生要有坚定的意志，抵制各种诱惑，克服个人的惰性，用自己理性的力量和坚定的信念激励自己追求理想永不停歇。

2. 大学生要有自我成才的责任感

大学生是祖国的未来、民族的希望，承担着发展社会的重任。成为理想远大、能力突出、具有创新的人才是国家和社会的期望，因此，大学生要以自我成才为己任，要有自我成才的责任感。大学生要养成独立思考、锲而不舍、不断进取的学习精神和责任感，推动自己不断学习。大学生要不断学习科学文化知识，掌握社会科学，了解学科前沿发展动态，拥有系统的专业思想，宽阔的学科视野。大学生要具有创新精神，在学习、生活和工作中矢志创新，不断进取，刻苦钻研，用自己的专业知识创新创造，实现推动社会发展和科技进步。大学生要有成才的思想素质，有高尚的道德情操、远大的理想抱负，能肩负起个人发展、国家进步的历史使命，克服成才中的功利和利己思想，确立为集体和社会发展、经济建设贡献力量的目标。大学生要练就过硬的本领，在学习专业知识的基础上，做好专业技能训练，同时积极参加校内外实践活动，做好专业见习和实习，苦练基本功，树立职业意识，养成职业习惯，具备从业操守，使自己成为所学专业中的人才，走出大学能适应工作，很快投入工作并取得成绩。大学生要对自己的言行负责，从小事做起，不断反省自身行为，注重修身，严格约束自己，遵守国家法律和学校法规，提高个人文明素养，树立较好的个人形象。

二、社会责任感培育

马克思指出社会是人们交互活动的产物。个人发展的好坏与社会密切相关，

"这些社会关系实际上决定着一个人能够发展到什么程度"。社会在时间和空间上把各自独立的个人统一为一个人类社会共同体，人们之间都有着不同的关系，各自分工合作，共同促进社会的发展。从实践活动的角度来看，社会为人类提供了存在和活动的空间及领域，因此，人类需要对自己实践的基本对象——社会负责。大学生社会责任感的高低不光关系到自身的成长成才，还关系到社会主义事业的成败，关系到中国梦的实现，具有重要的理论和现实意义。我们所处的时代是一个主体性高扬的时代，历史上没有任何一个时期的人们比现在更关注个人的发展和利益，当前的社会，可以说缺乏的不是个体对自我的责任，而是对社会和他人的责任。因此，培养人们的社会责任感应该成为责任感培养的重点内容。现今社会突出个性，关注个人发展成为焦点，对社会和他人的关注减弱，但个人享受着社会资源和福利，个人必须承担起应该承担的责任。当代大学生的社会责任感培育是时代的呼唤，也是我国社会发展阶段的客观要求。

（一）家庭责任感培育

家庭是社会的构成细胞，是最基本的社会组织形式。西塞罗认为："家庭是'情感之国'，家庭包含了一种在其他任何地方都难以找到的幸福因素。"同时家庭是道德形成的起点，也是一定社会问题的起点，是社会责任感的重要组成部分，而且，家庭责任感是一个人对国家社会负责的前提。首先是国家和父母，为他们服务是我们所负有的最重大的责任。其次是儿女和家人，他们应由我们来抚养，得到我们的保护。最后是亲戚，在日常生活中他们往往能与我们和睦相处，而且其中绝大多数人都能与我们同舟共济。西塞罗在责任的等次中将国家和父母并列，第二层次是儿女和家人，第三层次是亲戚，这里面除国家外其实都与家庭有着重要的关系。大学生的家庭责任感主要是对与自己有血缘关系的父母、兄弟姐妹等家庭成员及亲戚，以及未来的爱人、孩子的一种责任感。

1. 维持家庭和谐

家庭和谐是一个人健康成长的基础。和谐家庭需要家庭成员付出共同的努力，用爱浇灌，用心经营。大学生作为家庭的一分子，对于家庭的责任感首先表现在维护家庭和谐上，因为，一个人的家庭责任感不能只是做好自己分内的事，还需要关心家庭成员、分担家庭任务，努力促进家庭和谐。只有懂得对家庭负责的人，才能将爱与责任延伸至他人、社会。

首先，大学生要维护父母关系的和谐。当父母出现分歧、矛盾时，大学生不能以自己是孩子而逃避，而要勇敢站出来，充当"调解人"，通过观察、沟通等方式了解父母出现矛盾的原因，然后找到办法，帮助他们化解矛盾，通过自己的努力表现，融洽父母关系，营造家庭和谐氛围。

其次，大学生要维护代际关系的和谐。代际关系是指不同辈分的家庭成员，即自己和父母、父母和祖父母之间的关系。不同年龄段的人容易因为经历、性格、教育和环境的不同出现认识分歧，在对待生活、消费、孩子教育等方面产生巨大的差异，这种差异会引起矛盾，甚至会很激烈，这时，大学生需要承担责任。当自己的意见与长辈不同时，要通过及时的交流、沟通，争取得到长辈的理解；当父母与祖父母之间发生分歧时，大学生要了解情况，然后对双方进行劝解，化解矛盾，保证家庭环境和谐。

2. 孝敬、感恩父母

家庭关系中最核心的是子女与父母的关系。大学生对家庭的责任感还表现在对待和处理与父母的关系上。大学生要孝敬父母，关爱父母。父母是子女生命的源泉、抚养子女长大的至亲，孝敬和关爱父母不仅是家庭责任，也是一种社会责任。千百年来，孝敬父母是中华传统美德的重要部分，也是一个人德行的根本，大学生要做到孝敬父母、孝顺父母、感恩父母。

第一，孝敬父母。孔子在《论语·为政》中指出："今之孝者，是谓能养。至于犬马，皆能有养；不敬，何以别乎？"人类和动物的区别在于人类拥有感情，所以人类成为万物之首。孝敬父母不应该只停留在满足其基本的物质需要，还要发自内心地尊敬父母，感恩父母的抚养，感恩父母的付出，从精神上给予父母关心和抚慰，多与父母交流，多陪伴父母，关心父母的衣食住行，关心父母的精神世界，力所能及地为父母安排丰富的生活，让父母精神愉悦。

第二，孝顺父母。从内心尊敬、感恩父母，大学生就会做到孝顺父母。顺体现为尊敬，也体现为理解。例如，父母和孩子的意见和决定很多时候会不同，当发生这种情况时，孩子就要充分理解父母，通过移情做换位思考，理解并尊重父母的决定，不与父母争吵。但这并不是说要盲目服从父母的决定，我们要进行判断，如果确信父母的决定不合时宜，甚至是错误的，应与父母沟通，通过交流和劝说使父母明白自己的决定是错误的，而不能通过争吵甚至暴力来解决这样的问题。

第三，感恩父母。所谓感恩，就是对在自己生存和发展过程中产生过积极作用的人和事物的一种感激与回报；感恩是一个人最起码的德行，只有懂得感恩，才会有对他人和社会的回报，只有懂得感恩，才能目标坚定，理解他人，才能懂得爱而勇往直前。感恩父母就是要在思想上感恩父母的教育、抚养和关爱，常常思念和牵挂父母，特别是大学采取住校制，由于学校和家庭之间存在距离，很多学生每学期只能回去几次，更多时间是与父母两地居住。所以大学生要关心父母身体，经常询问父母的情况，处理好个人的学习、生活，让父母少挂心。只有通过对父母感恩，才能扩展到对同学感恩、对老师感恩、对社会感恩，进而强化为对社会和国家的责任感。

3. 承担家庭责任

大学生作为家庭成员的责任有：承担家务劳动、经济压力和参与家庭事务。

第一，承担家务。由于独生子女的原因，很多学生不会做家务，连自己的个人事务都处理不了。面对这种情况，高校要教育学生承担家庭责任，从家务劳动做起，从打扫卫生、收拾房间、下厨做饭等力所能及的事情做起，在做的过程中明白责任，增强对家庭的责任感。

第二，承担经济压力。有些大学生的家庭经济比较困难，大学生作为家庭成员应承担一定的经济压力。首先，了解家庭经济情况。大学生应了解父母的收入来源，理性地消费，学会开源节流，可以在课余时间做家教、打零工、做兼职等勤工俭学。其次，养成勤俭节约、艰苦朴素的良好习惯。大学生对水电、粮食等的节约意识不足，浪费现象严重。学校和家长应对学生进行勤俭教育，要求学生从自身做起，厉行节俭、杜绝浪费。

第三，参与家庭事务。家庭的每名成员都扮演着不同的角色，因而有不同的责任，大学生不应该成为家庭中豢养的"金丝雀"，需要参与到家庭事务中，了解家庭的状况，参与讨论，与父母共同做出决定，付诸行动，承担喜悦和悲伤。只有参与其中，大学生才能找到自己的位置，而后承担责任。

（二）他人责任感培育

人是一切社会关系的总和；自然界的任何事物都是普遍联系的整体，不能脱离周围事物孤立地存在。社会性是人的特有属性，每个人的生存和发展都与社会有着密不可分的关系。个体的生存正是因为他人的存在。个人和他人是一个相对的概念，个人与他人之间构成了最基本的社会关系，个人能够生存，是因为有社会上其他人的存在，脱离了其他人，脱离了社会，个人是无法独立存在的，因此，帮助他人、接受帮助、相互合作不可避免，也是必然规律。

1. 关心他人

"他人"指与自己没有血缘关系的人，有熟人和陌生人之分。熟人是指大学生身边的同学、老师和朋友等。陌生人是不认识的人，但他的思想可能影响过你，他的发明创造可能使你受益匪浅，他制造的产品你可能食用或使用过。对他人负责是人的基本美德之一，他人责任感是一种自觉地对他人负责、尊重他人、关爱他人、与他人友好地交往与合作的主体意识，体现着大学生对他人、集体、国家、社会的一种责任品质和心理倾向，也是人们生活的一种内驱动力。人是最能帮助人的，但同时又是最能伤害人的。值得庆幸的是，我们的社会还存在着各种美德，它们能够驯服我们的心，使我们彼此心存诚善和互助之心。

2. 与他人交往合作

交往是指一个人与其他人相互联系的一种存在方式。与他人交往是一个人重要的生存方式，与他人交往的能力成为现代人才的重要素质。建立积极、健康的人际关系，学会关爱他人，有利于大学生成才，推进社会化的进程。现在，大学生由于独生子女较多，加之入学前学习任务较重，一般与他人交往的任务和内容较少，多数人缺乏交往的意识和必要的能力，因此，高校教育者要在平时生活中引导大学生树立正确的交往意识，锻炼语言表达、交往礼仪、沟通技巧及为他人着想的能力，学会在班级和寝室中融入集体，建立良好的人际交往关系，找到归属感，学会合作，在与他人的合作中锻炼交往能力，建立合作意识，在合作中求同存异，主动调整自己的交往方式，形成合作的态度、原则等，这些对学生走向社会、进入职场有着重要的帮助。

3. 对他人诚信

诚信是为人处世的行为准则，也是中华民族的传统美德。诚信是做人最基本的道德要求，是协调和谐人际关系的基本行为要求，也是对他人负责的基本前提，其实质是对人格尊严的需要，体现了人与人之间一种最基本的人格平等——相互尊重。诚信包括诚实和守信，诚信是人与他人交往的基本前提。诚信有道德诚信和法律诚信之分，道德诚信像空气一样存在于人的周围，是人内心进行交往的必然要求；法律诚信是通过法律保证人们交往、签约合同、经济往来、买卖利益等方面的公平公正。诚信要求大学生要真诚相待、真实不欺、诺而有行、行而有果。

大学生在学习中应认真努力、刻苦钻研、诚信考试、杜绝作弊，用辛勤的汗水换得个人成绩。大学生在生活中应真实不欺，诚恳待人，遵守诺言，履行规则。大学生在与师长交流时，应不说谎，不浮夸，不造假，认真负责地完成师长交办的任务。大学生应真诚对待就业、评优、助学等问题，不通过不正当手段牟取利益，应坦荡做人，磊落做事，在与他人交往中树立自己做人的诚信品牌。学校和社会应建立和完善诚信评价、监督机制，营造优良的诚信环境和氛围，做好诚信教育，使大学生树立诚信形象。

（三）职业责任感培育

职业责任是指从事一定职业的人对社会以及他人所必须承担的责任和履行

的义务。

职业活动是一个人一生中最基本的、最重要的社会活动，是个人生存和实现价值的平台。职业责任感是社会责任感的一种体现，社会大分工使得职业产生，也使不同职业之间有着不同的职责。大学生是职场预备军，毕业后会走出学校进入职场，成为某一职业的工作者，对他们进行职业责任感培育有着重要的意义。现在的职业要求从业者能爱岗敬业、恪守职责、爱岗如家，通过真诚的劳动和个人智慧为工作单位做出贡献。大学生应形成职业理想与人生理想、社会理想相结合的职业责任感，有所作为，成就自己的人生。对大学生进行职业责任感培育要从树立职业意识和养成敬业精神入手。

1. 树立职业意识

拥有职业意识是大学生进入职场有所作为的前提。当前，受基础教育方式、高考制度、家长培养理念等的影响，大学生入学之前没有明确的职业意识，上大学对于大多数学生来说是学习，填报志愿时一些家长是看分报志愿而不是考虑孩子的职业，造成大学生学习理论知识的观念很重，但缺乏明确的职业意识。因此，培育大学生的职业意识成为培育大学生职业责任感的前提。培育大学生的职业意识要从树立职业理想、确定目标职业、了解职业环境、进行职业体验、做好职业规划、进行职业技能训练等方面进行，使学生提升职业能力，了解职业背景，为增强职业责任感做好准备。

2. 养成敬业精神

敬业精神指个人对所从事职业的热爱与忠诚，包括工作态度、作风与方法等方面。它是职场最为看重的工作者素质之一，也是现在社会中所稀缺的时代精神。敬业精神与工匠精神在某些方面有着契合度，工匠精神是指工匠对自己产品的精益求精、追求完美的精神，也就是追求卓越的创造精神、精益求精的品质精神、用户至上的服务精神。高校培养大学生的敬业精神，要从日常礼仪、着装规范、生活举止等方面出发，培养学生的良好行为习惯；要从参与班级活动、校内比赛、承担任务等方面出发，培养学生的参与意识；要从课堂教学、技能训练等方面出发，加深学生对职业的了解，通过职业访谈、实习见习等增强学生的职业道德和操守，使学生养成良好的职业责任感。

（四）集体责任感培育

集体是许多人合起来的有组织的整体，如班级、家庭、学校、国家等都是集体。集体是一个社会组织，分为抽象集体和具体集体。抽象集体包括国家和社会，具体的集体包括党派、正式的政治团体、学校、院系、班级、宿舍、家庭、社团、协会等与大学生的日常生活密切相关的群体，当然，也包括社会上、网络上的各种大学生心理上所自觉归属的非正式团体。

个人与集体之间互相依赖和促进，正确地看待和处理集体与个人之间的利益关系是促进个人、集体发展的前提。实现个人利益是实现集体利益的基础，集体利益不能脱离个人利益存在；集体利益由每个人的个人利益结合而成，个人利益依靠集体利益而存在，因此，个人利益和集体利益互相依赖、共同发展。大学生担负起对自我的责任也是对集体负责，对集体负责也是为自我负责，二者内在具有同一性。大学生应树立正确的集体责任感，以集体利益为主，自觉以主人翁的身份参与到集体活动中，逐步确立对集体的归属感和责任感。

集体责任感是指个体对集体关心、热爱，并愿意承担一定责任的态度。它是一种以集体主义观念为核心的高尚道德品质。对于大学生的集体责任感培育可以从以下几个方面着手。第一，注重理论教育和道德引导，从思想上培养学生的集体主义精神，使其正确处理个人和集体的关系。第二，开展各种活动，使学生在积极参与集体活动的过程中深度融入寝室、班级、学院、社团等集体中，通过努力为集体做出贡献，维护集体的利益，在集体中锻炼成长。第三，锻炼提升大学生的个人能力，提高其为集体做贡献的能力和意识。第四，培养学生的荣辱意识，使其坚决维护集体利益和尊严，与破坏和损害集体利益的行为作斗争。

（五）国家责任感培育

国家责任感是社会责任感的重要部分，个人和国家密不可分，相互联系，不可分割。正如西塞罗认为的："当你以一种理性的眼光全面地考察了人与人之间的各种关系之后，你就会发现，在一切社会关系中没有比用国家把我们每个人联系起来的那种社会关系更亲密的了。"

而且"国家是一种联合体"。联合体意味着国家的存在与发展是符合个体的意愿和需要的。个体利益和国家利益是一体的，只有将个体发展与国家发展相结合才能实现国家和个人的共同发展。把各自的个人利益与整个国家的利益融为一体，应当是所有人的主要目标。但是，随着经济的迅猛发展，西方思潮和文化的侵入，很多大学生的国家意识逐渐被削弱，国家责任感逐渐降低。

培育当代大学生对国家的责任感，可以从以下几个方面展开。

首先，加强爱国主义教育。只有热爱祖国、关心国家的人才能具有对国家、民族的责任感，因此，爱国主义教育是社会责任感培育的重要内容。爱国主义是国家发展和民族振兴的强大精神动力，它能凝聚人心，形成合力，是大学生建立国家自信心、民族自尊心和个人归属感的思想基础。大学生要爱祖国大好河山，爱自己的同胞和祖国灿烂文化；要主动关心国家的时事、政策，以国家发展为己任；保卫祖国，维护国家尊严，关注国家安全，反对民族分裂，维护国家统一；模范遵守国家法律和社会公德；树立为人民和祖国学习成才的信念，把个人利益与国家、民族利益结合，把爱国主义与理想信念结合起来，树立强烈的民族自豪感。

其次，开展国情教育。对大学生进行国情教育，让学生了解当下社会、国家的形势和状态。国情教育要与社会主义初级阶段国情结合，向大学生介绍经济、文化、社会等方面的发展情况，要让大学生了解国际政治和国外形势，了解政治、军事、外交等国家政治安全情况。

再次，加强民族责任感培育。只有民族的才是世界的，中华民族有着五千年的灿烂文化，在世界民族之林有着重要的地位。中华民族正处于上升期，正在进行民族中国梦的建设。在现今国际形势下，各民族都在进行着民族意识的树立和保护，我们对大学生进行民族责任感的培育有利于弘扬本国民族观念，宣传民族文化和历史，增强对民族相关事务和政策的了解，注重保护和发掘民族服饰、风俗和文化，形成全国关注民族问题的情况。

最后，加强文化责任感培育。文化是一个民族和国家发展的灵魂，在全球化背景下，各国文化和思想进行着激烈的碰撞和融合，文化之间具有相互同化的作用，各国和民族都在致力于保护和发展自己的文化。对大学生进行文化教育，增强文化责任感是十分必要的，我们应挖掘我国传统文化的精华，形成全社会共识的文化经典，大力宣传文化，对全社会进行文化教育，增强大学生的文化自信，使大学生能承担宣传和传承文化的责任。

（六）生态责任感培育

人与自然是有机的统一的整体，人类的生存永远离不开自然界的保护。科技和经济的迅猛发展，推动人类社会的发展，但人类是付出了牺牲自然资源的代价，可以说人类用明天的资源换得今天的发展。人类正面对着严重的生态危机。正如罗素所说："这个世界是我们的世界，要把它变成天堂或地狱都在于我们。"危机下，人类正在进行深刻的反思，探讨如何来维护我们赖以生存的家园，维持全球的可持续发展。新时期，"和平与发展"已经成为国际社会的共识，这要求人们树立生态责任感，为了整个人类的集体利益，把个人的行为是否正确放在整个生态平衡的动态运行中去衡量，要尊重自然规律，善待和保护自然，不要为了眼前或个人的利益去破坏自然，只有这样，才能保证人类和自然的和谐发展。

我国经济的飞速增长导致生态环境日益恶化，解决这一问题除了依靠增强技术和管理手段外，还要加强国人的环保理念，提升国人的生态责任感。大学生既掌握了先进科技，又是经济发展的中坚力量，因此其生态责任感的强弱起着十分重要的作用。他们应该用所学到的科学文化知识，在尊重客观规律的基础上，保护和利用自然，努力协调好人与自然的关系，真正实现人与自然的和谐发展。大学生的生态责任感关系到国家安全和民族的发展，也关系到世界的未来，因此，教育者必须有计划、有目的地对大学生进行生态责任感培育，教育大学生保护环境，珍爱自然，节约资源，维护自然生态系统的平衡，促进人类与自然和谐共处。高校应开设相关课程，介绍和讲授一些环保知识、技术和法律知识，并把生态责任感培育作为大学生思想政治教育的重要内容，列入教学计划和培养方案，将保护生态环境、可持续发展的理念传达给学生，使大学生自觉爱护环境，尊重自然，珍惜资源，为推进人与自然和谐相处贡献力量。

（七）人类责任感培育

人类责任感作为社会责任感的最高层次，是个体对世界上各民族所应具有的社会责任感。随着社会的科技、通信和交通等技术条件的发展，全球化的脚步越来越近，人类已经生活在"地球村"中，各国之间的联系越来越紧密，相互依存性越来越强。生活在共同的地球上的人类并不是各自独立存在的，是同气连枝的，因此，应当把一切有助于维护人类社会的责任置于那种只是由沉思和科学所产生的责任之上。作为人类社会的一员，大学生理应承担起对全人类的社会责任，可以从以下几个方面着手。

首先，培育大学生的世界和平责任感。"和平与发展"已经成为世界各国的主题，与和平发展主题相违背的就是战争，战争给国家造成分裂、给人民造成苦难、给经济造成损失等，有着无穷的弊端。当代大学生要树立各国、各民族友好相处，和平共赢的理念，自觉维护世界和平，反对战争和霸权主义，营造和平和稳定的氛围。

其次，培育大学生对民族的尊重意识。世界上有不同的民族，有着不同的文明、历史和文化，大学生应尊重各民族的风俗、习惯，注重民族之间的交流，树立民族平等意识，避免民族歧视，尊重民族存在的合理性。

再次，培育学生的国际环保意识。环境保护不是一个国家的事情，需要全人类共同努力。各国应相互借鉴经验和先进技术，培养大学生的环保意识，锻炼大学生的环保能力，维护自然环境的平衡。

最后，培育大学生的人类合作精神。高校应教育大学生认清形势，承认人类共同利益，承认发展程度的不同，注重对其他国家优秀成果和科技的学习；教育大学生对世界上不同文化和价值观念采取尊重、理性和包容的态度，相互借鉴，促进人类的共同发展。

（八）网络安全责任培育

随着网络和信息技术的飞速发展，网络已经成为人们学习、生活、交际、经济往来等的重要工具和载体，很多网络问题与社会问题相联系，引起了极大的社会关注和反响。在使用网络的人群中，大学生已经成为主要群体，特别是手机等新网络媒体的出现，使大学生对网络产生了极大的依赖，因此，网络安全责任感培育是社会责任感培育的重要内容，也是现在的一个热点。网络上普遍存在着网络谣言、商业欺骗、虚假广告等问题，由于网络的匿名性和虚拟性，很多人不用实际名字登录，容易产生一种无政府主义的倾向。网络上传播的信息和新闻，很多是虚假的，有的是道听途说，有的是故意编造，特别是一些反映、揭发社会不公平现象的新闻，很短的时间就得到了网友的关注，进而成为全社会热议的话题，但是，很少有人去考察新闻的真伪，很多人直接选择围观、跟帖或转发，这些就助长了网络谣言和虚假新闻的传播，扭曲了社会真相，产生了极其不好的社会影响。网络的发展使更多的大学生选择网购、网银、微信支付等方式进行经济往来，网上很多虚假的商业信息和欺骗使得大学生眼花缭乱，不能判断，也有的大学生随波逐流。一些大学生利用自己的网络技术研究病毒及其他软件，对网站和他人造成伤害。

因此，高校应积极对大学生进行网络安全责任培育，应从以下几个方面入手。

首先，在网络时代，高校要加强大学生网络上自我责任感教育，使其树立正确的上网观，养成较好的上网习惯，不沉迷游戏，抵制网瘾，投身现实生活，保持网络诚信，使自己身心健康发展。

其次，高校应教育大学生善用自己的网络知识和技术，找到网络时代学习的方式，树立网络时代安全意识，理性进行网上电子商务，将才华应用于学业或者有用的软件开发上。

最后，高校应教育大学生遵守网络道德和法规，不欺骗、不传谣、不造谣，发表正能量言论，自觉抵制虚假信息，维护网络风清气正的环境。

第二章　大学生社会责任感培育的意义

大学生作为最有活力、有理想、有文化的群体，是国家的希望和民族发展的未来，受到党和国家的重视。马克思、恩格斯等伟大的马克思主义者及党和国家领导人对大学生都寄予了殷切希望，对此都有相关论述。

马克思在青年学生时代就以为全人类服务的崇高理想为己任，主动承担改造社会的责任。其思想集中体现在他为中学毕业而写的《青年在选择职业时的考虑》一文中。他在文中说道："认真地考虑这种选择——这无疑是开始走上生活道路而又不愿拿自己最重要的事业去碰运气的青年的首要责任。"这实际上指出了，承担起自己对自己的职业责任是承担起自己对社会的责任的基础。1893年12月22日至25日，国际社会主义者大学生代表大会在日内瓦举行。恩格斯因事没能参加，就写了封贺信。恩格斯在信中谈到两点：一是大学生要承担起使自己成为"脑力劳动无产阶级"的责任。恩格斯希望此次大会"能使大学生们意识到，从他们的行列中应该产生出脑力劳动无产阶级"。"应该"恰恰说明了恩格斯对大学生应承担责任的明确态度。二是大学生要承担起掌握实际知识的责任。关于大学生的学习内容，恩格斯在信中写道："而工人阶级的解放，除此之外还需要医生、工程师、化学家、农艺师及其他专门人才。"这启示了新时代大学生除了在思想政治方面要承担社会责任外，还要从掌握实际本领方面承担建设社会的责任。大学生社会责任感培育的意义具体可以从宏观、中观、微观三个层面来考察。

第一节　从宏观层面看大学生社会责任感培育的意义

从宏观层面看，大学生社会责任感培育的意义主要包括两个方面。

一、实现中国梦的精神动力

梦想是人们对未来的一种美好期望，是一种必须付出努力才能实现的未来状态，是一种让人们感到坚持就是幸福的人生信仰。在电视节目当中也有一些关于梦想主题的选秀节目，如"中国梦想秀""中国达人秀"等。这些节目为人们实现梦想搭建了一个平台。可见，人是要有梦想的，人类因梦想而美丽，梦想是人类永恒的主题。梦想有大小高低之分，有个人梦想、家庭梦想、职业梦想、社会梦想、国家梦想。在当今，党领导全国人民实现中华民族伟大复兴中国梦是最伟大的梦想。"中华民族伟大复兴中国梦"包含国家富强梦、民族复兴梦、人民幸福梦，是全体中华民族的梦，是全体中华儿女为之努力奋斗才能实现的梦。这表明中国梦的提出不是空穴来风，而是有一定的渊源。新时代大学生是实现中华民族伟大复兴中国梦的主要力量，大学生社会责任感培育对实现中华民族伟大复兴中国梦有重要作用。

（一）有助于学生学习传承中华民族精神

中国梦是中华民族的梦。中华民族是一个政治术语，指的是包括汉族在内的 56 个民族的统称，不是 56 个民族简单相加的数量意义上的集合体，而是自古以来 56 个民族在不断交往、不断融合过程中形成的有共同经历、共同文化、共同精神的集合体。中华民族在漫长的历史长河中逐步形成了爱国主义精神、创造精神、奋斗精神、团结精神、梦想精神。这些精神是中华民族精神的生动体现。这些精神正是在各民族担当国家和社会责任中形成的。一是爱国主义精神。爱国主义是一种对于自己生长的国土和民族所怀有的被整个民族心理所认同的依恋之情。在大学生社会责任教育中，我们可以对大学生进行爱校主义教育，培养大学生对于自己学习、工作和生活的学校怀有一种热爱、依恋之情，在此基础上扩展到爱社会、爱国家。二是创造精神。创新创业教育是新时代大学生在高校受教育的主要内容之一。创新创业在社会各个领域、各个行业都存在，因此任何专业的大学生都应该接受创新创业教育，培养自身的创造精神。创新创造是个人投身于社会事业的行为，社会责任感的培育为大学生自觉主动创新创造提供了坚强动力。三是奋斗精神。人没有奋斗精神就不能创造美好生活，社会没有奋斗精神就不能发展进步，国家没有奋斗精神就不能屹立于世界民族之林。一个没有奋斗精神的人很难说能担当起责任，而社会责任感有助于增强奋斗精神。四是团结精神。随着社会分工的精细化，单靠一人之力难以完成。担当社会责任重在行动，行动重在人们之间的团结合作。大学生社会责任教育有助于促进大学生的团结协作精神。五是梦想精神。梦想是前进的动力。新时代大学生大多数对人生都充满期待，整体上积极乐观进取，这是新时代大学生梦想教育的有利因素。新时代大学生社会责任教育只有将担当社会责任融入自己的梦想当中，社会责任担当才有激情、动力，梦想才有具体的内容。

（二）有助于实现伟大的中国梦

中国梦的伟大体现在以下方面。一是实现中国梦要进行伟大斗争。从新民主主义革命时期党领导人民寻求救国救命的伟大斗争，到社会主义建设中党领导全国人民进行了社会主义改造、改革开放的伟大斗争。新时代，党领导全国人民进行着全面建成小康社会、实现中国梦的伟大斗争。二是实现中国梦要建设伟大工程。这里的伟大工程是指党的建设伟大工程。历史证明中国共产党的领导是历史和人民的选择，是中国特色社会主义的本质特征，也是中国特色社会主义的最大优势。党的建设这一伟大工程包括党的政治建设、党的组织建设、党的思想建设、党的作风建设这四大子工程。实现中国梦是中国历史的必然走向，是人民的期望，是中国特色社会主义的本质和优越性的体现。三是实现中国梦要推进伟大事业。这里的伟大事业指的是中国特色社会主义伟大事业。推进伟大事业需要坚定不移地走中国特色社会主义道路，树立中国特色社会主义道路自信、理论自信、制度自信、文化自信，继续统筹推进"五位一体"总体布局、协调推进"四个全面"战略布局。因此，中国梦不仅仅是个人的梦，也是国家的梦、民族的梦，新时代大学生社会责任教育要培养大学生的伟大斗争责任、建设伟大工程的责任、推进伟大事业的责任，这样中国梦才能得以实现。

（三）为实现中华民族伟大复兴提供不竭动力

复兴意味着衰弱后再兴盛起来，是一个从兴盛到衰弱再到兴盛的波浪式上升过程。中国梦是复兴的梦，意味着中国梦在中国历史上曾经出现过，中国要经历从兴盛到衰弱再到兴盛的过程。从历史来看，唐朝应该是中国古代历史上，当时世界上最强盛的国家。唐朝版图最大，科技、经济、文化、外交都很发达，先后经历贞观之治、开元盛世的盛唐时期。周边许多国家在经济、政治、文化等方面都受到唐朝的影响。"唐人""唐装""唐诗""唐人街"等我们耳熟能详的一些词汇，从侧面也反映出当时唐朝的地位和国内外影响力。近代中国的衰落从清朝晚期开始，最显著的标志就是鸦片战争。鸦片战争标志着中国开始进入半殖民地半封建社会，从此中国人民生活在水深火热之中。自此，中国人民开始了艰苦而漫长的反帝反封建斗争，但都以失败而告终。自从中国共产党成立后，中国明确提出反帝反封建的民主革命纲领。在经过中华人民共和国的成立和改革开放，中国日益走向兴盛。新时代，中国提出了实现中国梦的目标，意味着中国开始踏上了新的兴盛之路。以盛唐时期为代表的中国古代的辉煌和国际影响是新时代大学生引以为豪的，通过这些辉煌历史的教育，可以让新时代大学生感到有责任再现中国辉煌的过去。同时，近代历史上中国的衰弱也可以被视为一种对新时代大学生社会责任教育的契机。如果把中国古代的辉煌看成顺境，那么中国近代的衰弱则可以看成逆境。抓住这一逆境对新时代大学生进行荣辱观教育、艰苦奋斗教育、自立自强教育，可以使新时代大学生化悲痛为力量，化耻辱为动力，为担当社会责任提供精神驱动力。

二、社会治理体系和治理能力现代化的现实诉求

社会治理是政府、社会组织、企事业单位、社区以及个人等诸行为者，通过平等的合作型伙伴关系，依法对社会事务、社会组织和社会生活进行规范和管理，最终实现公共利益最大化的过程。社会治理的主体就是政府、社会组织、企事业单位、社区以及个人等。社会治理的客体就是社会事务、社会组织和社会生活等领域。社会治理主体间的关系是一种平等合作型的伙伴关系。社会治理的原则是依法依规进行规范管理。社会治理的目标是实现公共利益最大化。因此，在一定程度上来说，社会治理主体、社会治理客体、社会治理主体间关系、社会治理原则、社会治理目标这五要素构成了社会治理体系。如果给社会治理体系下个定义的话，可以阐述为：社会治理体系就是社会治理主体在一定的社会治理主体间关系中，按照一定的社会治理原则对一定客体实行系统的社会治理，实现一定的社会治理目标。社会治理能力需要以社会治理体系为依托，社会治理能力不是单一能力，而是体系能力。如果把构成社会治理体系的五要素看成五个部分，那么社会治理体系则可以看成一个整体。根据整体与部分关系的原理可知：整体功能之和不等于各部分功能之和简单、机械地相加，整体功能大于各部分功能之和。因此，社会治理能力也并不等于社会治理体系中每一个要素的简单相加，而是要体现在社会治理体系总体能力上。可以说，社会治理体系本身就是一种社会治理能力。

关于社会治理体系和治理能力现代化，党和国家提出了许多对策。如：党的十八届三中全会提出"创新社会治理体制"；党的十八届四中全会提出要提高社会治理法治化水平；党的十八届五中全会提出要加强和创新社会治理，建设平安中国，完善党委领导、政府主导、社会协同、公众参与、法治保障的社会治理体制，推进社会治理精细化，构建全民共建共享的社会治理格局；党的十九大报告提出"打造共建共治共享的社会治理格局""加强社会治理制度建设，完善党委领导、政府负责、社会协同、公众参与、法治保障的社会治理体制，提高社会治理社会化、法治化、智能化、专业化水平"。2019 年 10 月召开的中国共产党第十九届中央委员会第四次全体会议，是在中华人民共和国成立 70 周年之际、在"两个一百年"奋斗目标的历史交汇点上召开的一次具有开创性、

里程碑意义的重要会议。会议鲜明的主题就是坚持和完善中国特色社会主义制度，推进国家治理体系和治理能力现代化。可见，党和国家非常重视社会治理体系和治理能力现代化这一课题。理想的社会治理状态是善治，善治的特征是合法性、透明性、责任性和有效性。

社会治理体系和治理能力现代化建设是一项系统工程，任务艰巨，责任重大，因此必须加强大学生社会责任感教育。在社会治理视域下，大学生的社会责任教育被赋予了更多新的色彩：民主参与、多元主体共治、对社会责任的公共理性认同、公正而尽责的校园文化建设、服务社会的责任长效运行机制等，体现了大学生社会责任教育的现代性维度。关于治理与社会责任教育的关系研究，主要认为社会责任的重要维度是积极维护民主政治：民主法治制度的建立和运行不仅取决于政治构架，还取决于公民的性质、公民的道德。民主法治制度为每一个公民提供了大量进行判断、选择和行动的机会，公民个体如果没有相应的文化水平和道德素质，不能通过承担相应的道德责任进行理性的判断、选择和行动，民主法治制度就不能进步，甚至不能维系。特里·L.库柏认为，公民的核心责任之一是参与建构政体的过程。在这里，参与的质量和类型比单纯的参与数量更为重要，因此，参与不能仅仅限制在投票、运用选举制度或投入政治活动中。它要求一个可以在其中交流思想的政治社群，以便维持民主的建构和政体重构。阿伦特认为，每个社会成员只有行使了公民责任和义务，才算是一个真正的公民。换言之，不行公民之职即不是公民。公民是一种行为，一种实践，不只是一种形式身份。

由此可见，大学生社会责任感培育对社会治理体系和治理能力现代化的重要性体现在以下三个方面：

（一）是教育治理体系和治理能力现代化的题中应有之义

社会治理是全社会各部门及个人共同参与的共同、共享治理，涉及社会经济、政治、文化、生态等各方面，教育自然也属于社会治理中的一部分。因此，社会治理体系和治理能力现代化包括教育治理体系和治理能力现代化。教育治理也需要教育主管部门、学校、家庭、个人、社会等各方面的参与。教育主管部门为新时代大学生社会责任教育制定规划、监督实施、保障方向；学校是新时代大学生社会责任教育的承担者，负责具体实施；学生个人是新时代大学生社会责任教育的受教育者和自我教育实施者，需要发挥自我教育的主观能动性；社会是新时代大学生社会责任教育的载体。因此，新时代大学生社会责任教育涉及教育主管部门、学校、家庭、个人、社会等各方面，这些方面的有机协调、紧密配合是教育治理体系和治理能力现代化的体现。

（二）是一种公民责任和义务的教育

各个国家对教育的共同要求就是培养能履行国家宪法所规定的职责、义务，能担负国家和社会责任的公民。德国教育家凯兴斯泰纳提出教育要以培养"公民"为目标，公立学校要培养"有用的国家公民"。"有用的国家公民"应该了解国家的任务、明确自己的职责、掌握必要的技能、承担国家给的工作、具备国家所要求的品德、服从国家利益。我国教育的目的就是培养"有理想、有道德、有文化、有纪律"的德、智、体、美、劳等全面发展的社会主义事业建设者和接班人，即合格的公民。从定义上来说，公民是指具有某一国国籍的，在享有该国法律规定的权利的同时，必须履行该国法律规定的责任和义务的个体。公民享有的权利也是为公民更好地履行责任和义务服务。新时代大学生社会责任教育要以公民责任和义务教育为主要内容。

（三）能促进新时代大学生的社会参与

按照美国著名教育家和心理学家布卢姆关于教育目标的分类理论，可以把教育目标分为认知、情感和动作技能三个领域。社会责任教育目标也可以分为社会责任认知、社会责任情感和社会责任动作技能（社会责任动作技能实际上就是担当社会责任的能力，回答的是"以何种本事"来担当的问题）。可见，社会责任教育是一种多方面的综合性教育。社会参与也是一种多层次、多方面的参与。多层次体现在社会参与是一个从低层次向高层次的过程，即从对社会参与的认识到实际的社会参与。这类似于教育目标中的先认识，才能产生情感，最后做出行动。多方面体现在经济参与、政治参与、文化参与、生态参与等方面。新时代大学生社会参与要根据大学生自身特点和时代特点有选择性地进行。然而这需要对新时代大学生社会责任感进行有效教育。

第二节 从中观层面看大学生社会责任感培育的意义

高校思想政治工作是高校一切工作的生命线，对高校的发展至关重要。新时代大学生社会责任教育的重要性从中观层面来说体现在以下方面：

一、高校思想政治工作的重心所在

高校思想政治工作主要包括两方面：一是高校思想政治教育，主要指高校

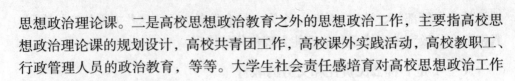

思想政治理论课。二是高校思想政治教育之外的思想政治工作，主要指高校思想政治理论课的规划设计，高校共青团工作，高校课外实践活动，高校教职工、行政管理人员的政治教育，等等。大学生社会责任感培育对高校思想政治工作的重要性体现在以下方面。

（一）是高校思想政治工作的一项重要内容

高校思想政治教育是高校思想政治工作的重中之重。通过思想政治教育，提高高校思想政治工作相关人员的思想政治素质，有利于使他们自觉做好高校思想政治工作的方方面面。高校思想政治工作归根结底是做人的工作，高校思想政治教育归根结底也是做人的工作，让大学生成为对国家对社会有用的人，那么，对国家和社会的责任意识和责任感就是思想政治工作的重中之重。除此之外，高校思想政治工作的其他内容也与社会责任感培育密切相关。

第一，高校思想政治工作指导思想的宣传与社会责任感关联。高校思想政治工作的指导思想包括马克思列宁主义、毛泽东思想、邓小平理论、"三个代表"重要思想、科学发展观、习近平新时代中国特色社会主义思想及习近平关于高校思想政治工作的重要论述。高校思想政治工作要确保方向正确，就必须在学生中宣传这些指导思想并使其认真学习领会，提升大学生的社会责任感。

第二，坚持和落实高校思想政治的原则性工作与社会责任感的关联。高校思想政治的原则性工作包括坚持党对高校思想政治工作的领导，把党的建设贯穿高校思想政治工作始终；坚持高校思想政治工作的社会主义方向，坚持马克思主义指导地位，坚持以全校师生、教职工为中心，更好地为现代化高校建设服务；坚持思想政治工作的全员、全过程、全方位育人理念，形成思想政治理论课育人、思想政治工作科研育人、思想政治教育实践育人、思想政治工作管理育人相互配合的长效机制。大学生只有树立坚定的社会责任感才能正确理解和贯彻上述原则。

第三，做好高校哲学、社会科学等学科专业的思想政治教育工作。将思想政治教育融入哲学、历史学、政治学、法学、经济学、社会学、民族学、宗教学、新闻学、心理学等学科，并加强这些融合学科的教材教学体系的开发。培养大学生社会责任感有助于自觉树立和践行社会主义核心价值观。

第四，全面深化高校思想政治工作改革创新与社会责任感的关联。高校应以改革创新精神推动思想政治工作，加强课外实践活动，组织师生参加社会实践活动，加强实践教学基地建设；坚持思想政治教育与解决实际问题相结合，建全思想政治工作评价体系。想要更好地推进高校思想政治工作和大学生社会责任感培育，既离不开高校教职工的不懈努力，也离不开大学生自身的努力。

（二）能提高高校思想政治工作的成效

高校思想政治工作是一项系统工程，需要各部门、各方面紧密配合。大学生社会责任感培育的主渠道是高校思想政治理论课，公共政治理论课要有效地衔接，相互补充。例如，在"思想道德修养与法律基础"这门课程中，当学习"绪论"中"我们处在中国特色社会主义新时代"时，可讲授"新时代"的含义及特征、新时代对大学生意味着什么等内容；在学习"时代新人要以民族复兴为己任"时，可结合"新时代大学生社会责任教育"这一主题。在"马克思主义基本原理概论"这门课程中，当学习"事物的普遍联系与永恒发展"这一章和个人与社会的辩证关系等内容时，可联系社会责任、家庭责任、个人责任，讲授"社会责任、家庭责任、个人责任的普遍联系和永恒发展"。在"毛泽东思想和中国特色社会主义体系概论"这门课程中，可结合新民主主义革命时期的社会责任是"革命"，社会主义建设时期的社会责任是"建设"，新时代中国特色社会主义时期的社会责任是"中国梦"来讲授。在"中国近现代史纲要"这门课程中，可从青年、大学生等进步人士争取国家解放、民族独立的斗争史中，揭示他们的社会责任感。可以以这些勇于担当社会责任的青年、大学生等进步人士为榜样，进行新时代大学生社会责任教育。在"形势与政策"这门课程中，可结合热点、难点问题进行引导，如，可引导大学生思考讨论中美贸易摩擦对新时代大学生担当社会责任的启示等问题。

高校教职工、行政管理人员是大学生社会责任感培育的重要组成部分，教育的双向性特征使他们在对大学生进行社会责任感教育的同时，也需提高自身的社会责任感，从而更有利于新时代大学生社会责任教育和高校思想政治工作的开展。高校共青团是大学生社会责任教育的重要载体，是团结教育高校内广大大学生的核心力量，受上级团组织和高校基层党组织的领导。大学生社会责任教育的有效开展能够更好地推进高校共青团工作的顺利开展。共青团的工作任务是在中国共产党领导下，发挥高校共青团员的带头示范作用，引导大学生用中国特色社会主义思想武装头脑，积极参加各类活动，促进他们身心健康发展。共青团要以培养大学生的先进性、使命感和责任感为核心，营造良好的校园育人环境。

二、高校发展的使命所赋

西塞罗曾说："生活的全部高尚在于对责任的高度重视，而耻辱在于对责任的疏忽。"重视大学生社会责任感培育能有效促使他们自觉学习、践行核心价值观，对于高校的人才培养意义重大。核心价值观与社会责任感均属于意识范畴，具有高度的内在契合性。培育大学生的社会责任感，并不仅仅是提高他们个人的责任感，还应以全体学生自觉的责任意识的提升为目标。假如大学生缺乏对自身以外的他人的责任情感，只靠对个人责任的简单认识、理解，根本就不会形成责任行为，也就不会对国家、社会做出贡献，承担其应有的责任。

社会责任感在不同时代有不同的内容，当前则体现在对核心价值观的积极践行上。践行的过程又需要强烈的责任感做支撑。反之，核心价值观的学习、教育也是社会责任感培育的过程。整体来说，它们在实践中彼此影响交融。发展是硬道理，在当前"双一流"高校建设及各类高校排名的大背景下，各高校都在利用一切可利用的资源，促进自身发展。发展意味着前进，前进一方面需要发挥引力的牵引作用，另一方面又需要发挥推力的助推作用。前进的道路是曲折的，也避免不了上下起伏，这样，有可能引力和推力的方向不一致。因此，为了保证引力与推力发挥在同一水平上的同向合力作用，需要设置一种方向力，以保证引力和推力的正确方向。高校的发展也是如此，需要发挥引力、推力、方向力的共同作用。我们知道，力的产生需要施力者。同样，高校发展的施力者之一就是大学生社会责任感培育。

（一）大学生社会责任感培育是高校发展的引力

高校发展要走内涵式发展道路，内涵式发展需要提升高校文化内涵，这就需要加强高校文化建设，发挥高校文化引力的作用。我国高校发展在取得举世瞩目成就的同时，也出现了一些诸如功利化发展、竞技化教育、空壳化内涵等问题。这些都与高校文化建设有关，而高效文化建设的关键是增强高校文化自信。如果说"没有高度的文化自信，没有文化的繁荣兴盛，就没有中华民族伟大复兴"，那么也可以说"没有高度的高校文化自信，没有高校文化的繁荣兴盛，就没有高校的长远发展"。高校文化自信和高校文化繁荣是高校发展的重中之重。高校文化自信体现在多个维度和多个领域。高校文化建设是高校文化自信的重要组成部分。加强高校文化建设，展示并宣传高校文化建设的辉煌成就，有利于增强高校文化荣誉感，提升高校文化自信。高校文化自信的提高反过来可推动高校文化建设，二者相互促进。大学生是高校的主体，占高校人数的绝大部分，也是高校文化的主要建设者和受益者。在某种程度上可以说，大学生的整个文化形象代表着这所高校的文化。因此，新时代大学生对塑造自身良好的文化形象负有义不容辞的责任，高校文化建设要抓好新时代大学生的文化形象塑造工程。而抓好新时代大学生的文化形象塑造工程，除了要系统规划、整体推进、突出重点外，还要加强新时代大学生社会责任教育。

（二）大学生社会责任感培育是高校发展的推力

推力一般在事物的后面起推动作用。高校发展除了在前面起牵引作用的引力之外，还有在高校发展后面起推力推动作用。推力的产生源于一种倒逼机制。高校发展也有两种倒逼机制。一是"双一流"建设带来的倒逼机制。"双一流"建设，即世界一流大学和一流学科建设。这是国家为建设教育强国，继"211工程""985工程"之后的又一国家战略。这有利于提高高校的综合实力和国际竞争力，为实现中华民族伟大复兴的中国梦提供智力支持。各高校都把争取入选"双一流"作为自己的奋斗目标。另外，"双一流"高校的遴选也会打破终身制。这在给高校发展带来机遇的同时，也给高校带来了一定的压力，这就倒逼着高校要不断进取。二是高校排名带来的倒逼机制。"排名"现象在当今竞争社会具有普遍性，这是竞争的结果，也是发展的动力。高校领域也存在各级各类排名。如，世界100所著名大学排行榜、各个国家的大学排行榜、中国校友会对国内大学的排名等。还有分门别类的排名，如综合类高校排名、理工类高校排名、财经类高校排名。高校排名是高校综合实力的显性表现，关系到高校发展所需各种资源的获得，也关系到生源质量。面对各种排名，没有一所高校甘愿落后，这就倒逼着高校丝毫不能放松。高校发展的任务一部分落在新时代大学生的肩上。新时代大学生在担当社会责任、实现中华民族伟大复兴中国梦的同时，也要担当起促进高校发展的责任。因为中华民族伟大复兴的中国梦也包括高校的发展之梦。

（三）大学生社会责任感培育是高校发展的方向力

我国是工人阶级领导的人民民主专政的社会主义国家。因此，我国高校发展要朝着这一方向。具体来说：第一，我国高校发展要始终坚持中国共产党领导。中国共产党是中国革命、建设事业的领导核心，中国共产党是中国社会主义事业的领导核心。中国共产党自从成立之后，就一直担当起反帝反封建、建设新中国的历史责任。中国共产党历来也重视加强和改进党的建设。无论是党的组织建设、思想建设、作风建设，最终目的都是提高党的革命能力和执政能力，更好地担当起自身的社会责任。新时代大学生大多数积极上进，要求进步，积极入党，加强和改进新时代大学生社会责任教育是未来党的重要工作。第二，我国高校发展要将人民民主与专政相结合。我国一直都有"家国同一"的思想传统，家即是国，国即是家。我们知道，人具有社会性，人的多重角色源于不同组织单元。大学生隶属的最大组织就是国家，其次是高校，最后是家庭。大学生是人民当中的一个群体，也是高校中的主体，大学生社会责任教育有利于大学生承担时代所赋予的社会责任，为我国高校坚持社会主义办学方向的发展贡献力量。

第三节　从微观层面看大学生社会责任感培育的意义

家庭和个人相对于国家和高校来说是一对微观范畴。大学阶段是法律和政治框架内成人的关键阶段，也是大学生身心由不成熟走向成熟的阶段。同时大学生也是一个矛盾复杂体，一方面有一定的独立性，另一方面又有一定的依赖性。一定的独立性指的是在一定程度上独立于家庭，主要是空间与时间上独立于家庭。一定的依赖性指的是在一定程度上依赖于家庭，主要是经济上和亲情上的依赖。另外，鉴于大学生处在向成人过渡阶段，思维、认知等方面都具有某些成人特性，而成人面临着就业、结婚、生子的人生主题与人生压力，这势必催生责任意识，落实到大学生个人。因此，新时代大学生社会责任教育的微观重要性体现在以下方面：

一、强化家庭责任

家庭是社会的细胞，家庭责任也是社会责任的一部分。一个不能很好担当起家庭责任的人很难指望其能够很好地担当起社会责任。在全面建成小康社会、实现中华民族伟大复兴的时代，更要从小范围入手，只有家庭小康，才能为全面建成小康社会贡献力量，为实现中华民族伟大复兴添砖加瓦。大学生社会责任感培育对大学生家庭的重要性体现在以下两个方面。

（一）大学生社会责任感培育有助于增强家庭的荣誉感

孩子既是祖国的未来、国家的栋梁，又是家庭的荣誉所在。我国自古以来就有"学而优则仕""万般皆下品，唯有读书高"的思想，通过读书考取功名是我国长达几千年封建社会中家庭的梦想。学习责任是新时代大学生所要担当的一个重大责任。大学生要自觉把学习习近平新时代中国特色社会主义思想作为自己的一大责任，并自觉以习近平新时代中国特色社会主义思想为指导，建设好、发展好、维护好家庭发展。

（二）大学生社会责任感培育是家庭教育的重要组成部分

一个人一生所接受的教育一般包括家庭教育、学校教育、社会教育。其中，家庭教育对一个人起着启蒙作用，对一个人一生有着深远影响，在一定程度上影响到学校教育、社会教育的成效。在原生家庭中，父母是孩子的第一任老师。

父母以高度的责任感抚养教育孩子，并同样以高度的责任感赡养其父母。这种尊老爱幼的良好家风多少都会在孩子的心灵留下痕迹，继而影响到孩子读大学时的责任思想。高校应致力于培养学生感恩家庭、感恩父母的责任意识。在进入社会以后，大学生在原生家庭中所接受的家庭责任教育会在以后的生活工作中继续发挥作用。一个大学生如果是在一个父母婚姻稳固、关系和睦、彼此忠诚的家庭中成长起来的，一般而言，其对自己以后所组建的家庭，对自己的爱人和感情也会认真责任，这就是家庭氛围的塑造结果。

二、增强"公民"身份

每一个个体都是多重角色的综合体，大学生具有"子女""公民"等多种身份，其中"公民"身份是从出生有了合法的国籍就有的。大学生"公民"身份塑造需要通过公民教育来进行。公民教育可以从不同角度来理解：从受教育主体角度看，公民教育可以理解为公民受到的教育，这层意义上的教育包括学前教育、义务教育、高等教育以及在职教育、成人教育、校内外等各种教育。从实质内容来看，公民教育可以理解为根据一个国家或社会的要求，培养所属成员的爱国心、公德心、责任心以及承担相关责任的品格和能力。

根据公民的内涵特征，对公民教育的内涵有以下三方面理解：①从公民教育对象方面来理解。公民教育在某种意义上可以理解为对公民的教育，但由于公民具有身份相对性特点，某个人在某一时刻某一地点是公民，也许在另一时刻另一地点不是公民，这是我们无法预料的，所以公民与非公民都是公民教育的对象。②从公民教育内容方面来理解。公民教育的内容包括培养公民对国家制度、法律法规、方针政策以及对国际法、国际各类组织颁布的国际条例的合理认同和国家、国际主体意识，也包括公民积极参与国家、国际事务的理论知识、实践能力内容，还包括权利义务相统一、民主法治、平等、自由等观念的培养。③从公民教育目标方面来理解。公民教育的目标是培养有公民意识、有公民觉悟、有公民能力、有公民行动的"四有"公民，包括国家公民和世界公民。尽管对公民教育存在多种理解，但总的来看，公民承担着多种社会责任。公民教育在某种意义上也是一种社会责任教育。因此，公民教育对大学生社会责任感培育及新时代大学生"公民"身份塑造有重要作用。

（一）大学生社会责任感培育是大学生个人"公民"身份塑造的必然路径

从公民的概念看，公民指具有某国国籍，并根据该国法律规定享有权利和履行义务的人。公民的政治权利指公民依法享有参与国家政治生活的权利。具体有选举权和被选举权、参与国家管理的权利。公民的基本义务是国家对公民最重要和最基本的法律要求，是公民必须承担的最基本和最主要的责任。具体有：维护国家统一和各民族团结；遵守宪法和法律规定，保守国家秘密；爱护公共财产，遵守劳动纪律，遵守公共秩序；维护祖国的安全、荣誉和利益；保卫祖国，依法服兵役和参加民兵组织；依法纳税。从公民的义务看，公民义务的履行有利于社会和谐稳定地发展。从公民的权利看，公民权利的获得是公民履行义务、促进社会和谐稳定发展的前提。权利与义务的统一理所当然为新时代大学生社会责任的履行提供了理论基础，也坚定了新时代大学生社会责任教育的信心。

（二）大学生社会责任感培育能加强大学生对"公民"身份的认同

身份认同是对主体自身的一种认知和描述，一般指个人对特定社会文化的认同和归属的认同，这种归属包括国家归属、集体归属、社会归属等。身份认同涉及我是谁、我从何处来、我要到何处去三个问题。身份认同主要是由主体的个体属性、历史文化和发展前景组成的文化认同。身份认同可以从三个维度进行分析：从集体维度看，公民的身份认同是在不同文化群体之间将一种文化群体视为自己的归属选择；从自我维度看，公民的身份认同是以自我为核心的自我心理和身体体验；从社会维度看，公民的身份认同是公民的社会属性。可见，大学生对"公民"身份的认同是一种文化认同，这种文化认同涉及大学生群体认同、个人认同和社会认同。众所周知，文化的传承主要靠教育，教育具有个体功能和社会功能。新时代大学生社会责任教育能传承古今中外有关社会责任的文化，促进新时代大学生的"公民"身份认同，有利于新时代大学生个体发展，也有利于新时代大学生承担社会责任，以负责任的态度促进社会发展。

（三）大学生社会责任感培育能加强大学生对"公民"身份的践行

在新时代大学生对"公民"身份认同的基础上，通过社会责任教育可以使大学生对"公民"身份的认同向实践转化。大学生社会责任教育是否取得良好的效果不是看大学生对社会责任教育相关知识的了解、情感的表达，而是看他们表现出的社会责任行为习惯。而社会责任行为习惯的养成要靠社会责任教育实现：一方面，大学生社会责任教育能融入大学生教育全过程，社会责任教育广泛存在于高校思想政治理论课、专业课、非专业课及课外活动之中，能落实到教育教学各方面和管理服务各环节，能形成课堂教学、校园文化、社会实践多位一体的育人模式。在社会实践方面，大学生社会责任教育能通过完善社会责任实践教育教学体系，开发社会责任教育实践课程和活动课程，加强社会责任教育实践育人基地建设。另一方面，大学生社会责任教育能融入大学生生涯发展实践和校园治理中。大学阶段是个人生涯发展的重要阶段，个人发展好坏离不开生涯发展教育，尤其是责任教育。习近平总书记指出："幸福都是奋斗出来的。"中国特色社会主义建设进入新时代，这一新时代是"幸福"的时代，也是"奋斗"的时代。奋斗是对自己人生负责的一种态度，大学生社会责任教育也是一种负责任态度的教育。新时代的校园治理突出学生以平等身份同其他人员共同参与校园治理，体现了学生所应负的责任。

三、促进全面发展

大学生社会责任感培育能够塑造大学生健全的人格。我国古代儒家思想中的"格物致知、诚意正心、修身齐家、治国平天下"是对人的发展的最高期望。而在齐家、治国、平天下前，一个人首先要立足实践，获得真知并发自内心地去坚持，端正个人的思想，修为自己的品性，进而提高自己的道德涵养，实现修身的目的以抵御外界的诱惑。由此可见，"修身"既是齐家、治国、平天下的出发点，又是格物、正心的落脚点，而"修身"的整个过程，就是塑造健全人格的过程。大学生健全人格的塑造，不单单依靠学历和文化水平，还需要较高的道德素养作为支撑。文化水平的高低并不能决定道德素养的高低，社会责任感培育在其核心上就是对一个人品德修养的培育。对大学生群体的社会责任感培育，有助于他们完善人格，帮助他们成长成才。增进大学生对社会责任的认知，是强化责任感培育的基础。大学生社会责任认知是指他们对社会责任的领悟和理解，是其形成社会责任感的前提。大学生对社会责任的认知，大多来自书籍和课堂学习，缺乏切身实践，因而不能准确地理解和把握到底什么是社会责任，以及怎么承担社会责任这些问题。高校应通过组织他们积极参与丰富多彩的社会实践活动，鼓励他们走出课堂，走进社会，让他们在建设社会主义现代化强国的具体实践中去切身感受、发现当前社会存在的问题，并自觉寻求解决问题、承担责任的办法，引导他们把社会主义核心价值观的基本内容转化为实际行动来强化他们的社会责任认知，这样才能达到较为理想的效果。

第三章 大学生社会责任感培育现状及其成因

第一节 大学生社会责任感的现实表现

当代大学生大部分拥有强烈的社会责任感，他们主动帮助他人，关心公益事业，关心国家大事，积极主动地投身到社会主义现代化建设中。但是受一些因素的影响，如自身能力的缺失、社会环境的负面影响等，部分大学生的社会责任感还存在着一些问题。

一、大学生社会责任感的积极表现

大学生是十分有朝气和活力的群体，他们拥有丰富的科学文化知识、健康的身体素质，他们积极贡献社会。大学生群体的社会责任感主流是积极向上的，大部分大学生愿意为人民的幸福、社会的和谐以及国家的进步贡献力量，他们有高度的社会责任感，愿意积极投身到中华民族的伟大复兴中去。

（一）关爱家人，努力承担家庭责任

当代大学生具有较强的家庭责任感，能关爱家人，主动承担家庭责任。当代大学生人生的重要时刻是在家里度过的，他们受到了家人的细心呵护和照顾，家人无条件地为了他们的成长牺牲自己，他们感受到了家人的关爱，因此也具有强烈的回馈家庭的责任意识。多做家务劳动，关爱家人的健康，关心家人的生活，力所能及地分担家庭责任，这些都是他们具有家庭责任感的行为表现。

（二）热心公益活动

当代大学生具有强烈的社会责任感，主要表现为主动投身社会公益活动，积极献身志愿者事业。大学生积极主动地加入青年志愿者协会，给敬老院的独居老人带来心灵的慰藉；他们组织捐献活动，给贫困山区的孩子带来美好的祝愿；他们还定期献血，为陌生人带来生的希望；他们也积极地活跃在国家舞台

上，大力支持国家事业。据统计，北京 2008 年奥运会期间，有 79 所高校的 5 万余名大学生参与了志愿服务，遍布 24 个竞赛场馆，16 个非竞赛场馆。5700 多名大学生全面参与了地铁 8 条线路 22 个站区 122 个站点服务。大学生群体在北京奥运会志愿活动中展示了勇于承担、乐于助人的良好风貌，他们积极奉献的精神赢得了国人的高度赞扬。

（三）具有强烈的爱国主义精神

当代大学生群体是一个爱国的群体，他们积极关注国家的大政方针，关心国家社会事业，关注祖国的前途命运。大学生具有爱国主义精神表现在他们积极主动地了解国家的形势政策和发展大计上。在相关的调查报告中，对"我知道当前我国周边国际局势和我国采取的外交政策"这一阐述，有 32.7% 的受测者认为自己非常符合，30.2% 的受测者认为自己比较符合，两项之和为 62.9%。他们的爱国精神还表现在敢于反对一切反国家、反民族的分裂活动，坚决维护民族团结。他们坚决拥护中国共产党的领导，对中国特色社会主义道路具有极大信心。相关调查中，有 47% 的大学生最常看的电视节目是"新闻联播"，有 69% 的大学生认为我国的现代化建设必须坚持中国特色，走中国特色的社会主义道路。他们还对腐败问题表现出极大的憎恶，并利用网络，积极发表对腐败行为的看法，十分赞同国家对腐败问题进行严厉打击。

二、大学生社会责任感缺失的表现

当代大学生的社会责任感主流是积极的，但是有少数大学生的社会责任感还存在一些问题，存在一定程度的社会责任感的缺失，主要表现为对他人、社会、国家的责任感都有不同程度的淡化。

（一）对他人的责任感淡漠

对他人责任感淡漠首先表现在缺乏对他人的爱心。人是社会性的动物，处在一定的社会关系网络之中，每个人的发展都与他人的发展密切联系着，人与人之间应是互帮互惠、共同进步的。但是这部分大学生没有认清这一点，只关心个人的发展，忽视他人的困难。在相关的调查中，关于对乘车的时候，主动让座给老、弱、病、残、孕和抱小孩的乘客这一问题的回答，有 10% 左右的大学生选择了"不符合"。现在为老、弱、病、残、孕让座的年轻人越来越少，他们对弱势群体未给予应有的关心与帮助。部分大学生受社会负面消息的影响，看见老人摔倒时没有伸出援助之手，在相关调查中也体现了这一点，"看见马路上有老年人跌倒了，我会去扶起老人，并帮助其联系家人或医院"，有

5.4%的调查对象认为自己"比较不符合",有4%的受测大学生认为自己处于"完全不符合"。

大学生对他人责任感淡漠还表现为缺乏感恩意识。在家庭中,父母对孩子付出了许多关爱,许多家长承担了家里的一切重担。但是有部分大学生对父母没有感恩之心,认为父母对自己的付出是父母应尽的义务,自己没有必要对父母负责。他们在家时,不分担家务,在学校里,他们对老师的关爱和指导也没有感恩之情,认为老师对自己的关爱是老师应尽的职责,没有必要对老师的关爱给予应有的尊重和相应的回报。

（二）对社会的责任感淡化

部分大学生对社会的责任感淡化主要表现在为关注自身的利益,重视自我价值的实现,重视自我的发展,忽视集体利益和社会的发展。当个人的利益与集体的利益发生冲突时,部分学生会把个人利益放在首位,毫不犹豫地选择个人利益,忽视甚至损害集体利益。

社会责任感淡化还表现为把个人利益作为衡量一切的标准。有些大学生目光定格在自我发展上,关心自我进步,做事情时关键是看对自己是否有利。在相关调查中,有70%的学生认为上大学的主要目的是毕业后找份福利、待遇较好的工作,过上物质丰厚的生活。一部分学生由于受到来自社会的压力,把自我价值定位在物质财富的获取或者地位的提高上。部分大学生为了毕业以后能找一份收入高、工作环境好的工作,在学习上只注重专业知识的学习,提升自己的专业能力与素养,忽视了其他人文课程的学习。部分学生把个人财富的增加、地位的提高、生活的富足当作自己的追寻目标。

社会责任感淡漠也表现在部分大学生重视自我理想的实现,忽视社会理想,把自我理想的实现放在社会理想实现之前。大部分大学生是有理想的,他们奋力拼搏,渴望为社会的发展和人类的进步贡献出自己的力量。他们把国家的强盛、民族的振兴、人民的幸福当作自身的历史使命,渴望实现中华民族伟大复兴的中国梦,但少部分大学生缺乏社会理想。一些大学生没有意识到个人理想与社会理想是紧紧联系在一起的,二者不可分割,只有社会进步,个人才能得到很好的发展。

对社会的责任感淡化还表现在公共场所中,忽视运行的公共规则,缺乏公德意识。公德意识是大学生道德素质的必要组成部分,在学生道德能力中占有重要地位。只有拥有公德意识,社会生活才会有序,社会才能得到发展。然而部分大学生缺乏公德意识,没有公德心。在社会责任感调查中,对于"大家都自觉排长队时，如果有机会插队，你会怎么办？"这一问题，有34.3%的被调查者表示会乘机插队，19.1%的被调查学生表示一定会插队。由于缺乏公德意识，一些大学生在公共生活领域缺乏自我约束，有的在公共场合旁若无人地大声喧闹；有的在教室课桌上乱涂乱画，彰显自己的个性，形成了所谓的"课桌文化"；有的吃饭时，使用一次性物品，造成了大量的白色垃圾。这些都是公德意识缺乏的表现。

（三）对国家的责任感减弱

对国家的责任是人生责任的核心和灵魂部分，它表现出个体的理想和价值观的高度统一。人们只要对国家有了责任感，就有强大的内在动力为祖国和人民奉献一切。正是有了强烈的对国家的责任感，革命先烈们才会无私奉献，为了祖国的前途和命运贡献出自己的生命。我们生长在新中国，先辈们给了我们稳定和平的生活，我们更应该关心国家的发展，关注祖国的命运，树立强烈的对国家的责任感，为祖国的发展做出应有的贡献。当代大学生大部分具有强烈的责任感，把国家的发展视为己任，时刻关注民族的命运。但是，还有小部分大学生只关注自己的发展和前途，把自身的命运与国家的命运割裂开来，对国家的责任感越来越弱。

对国家的责任感减弱首先表现为政治参与意识淡化。政治参与是现代民主政治的一个重要内容，民众政治参与的程度和频率也是衡量一个国家政治现代化水平的基本标志，民众政治参与度越高，国家政治现代化水平越好。但是部分大学生政治参与度较低，主要表现为参与的主动性不高，很少关心或者不关心国家的基本政策，对政治活动具有较低的兴趣度，不愿意花时间和精力参与其中，对国内和国际格局不了解，不关心我国的时事动态。有些大学生对时事新闻动态的了解带有功利性，只关心与自身利益密切相关的新闻政策，如大学生就业问题、大学生创业国家资助政策等。

对国家责任感减弱还表现为法律责任意识淡薄。随着我国依法治国的推进和加强，要建设社会主义法治国家，公民必须了解国家的法律知识、遵守国家的法律规则、拥有法律精神、懂得用法律武器维护自身利益。公民对法律知识的了解是法治建设的基础。部分大学生对法律知识缺乏必要的认识与了解，对我国基本的法律缺乏充分的掌握，这导致一部分大学生违反校纪校规，严重的甚至触犯法律。近些年我国大学生违法犯罪行为呈逐年上升趋势，大学生刑事犯罪立案数和罪犯数逐年增加。这些违法犯罪的大学生轻易地触犯法律，是因为他们缺乏对法律的基本的敬畏。法律知识的缺乏还导致部分学生在网上发表一些不实或者不负责任的言论，传播虚假信息，造成社会危害。缺乏法治意识还导致有些大学生遇到合法利益受到损害时没有及时用法律的武器捍卫自身的合法权益。

部分大学生对国家责任感减弱还表现为在经济领域里的责任意识薄弱。随着我国经济的发展，经济结构不断得到调整，我国的经济规模逐步扩大。随着我国高校的扩招，大学毕业生越来越多，一部分大学生流入市场，自主创业，成了一名"经济人"。大学生作为我们国家发展建设的中坚力量，理应对国家的经济发展做出自己的贡献。但是一部分大学生只局限于获得经济利益而抛弃社会利益，只看到个人利益而不顾国家和人民的利益，为了经济的增长、收入的增加而损害人民的利益。为了国家经济秩序的良好运行，大学生进入市场，应将义与利完美结合，实现个人利益与国家利益的融合。

三、大学生社会责任感缺失的原因

部分大学生群体出现社会责任感缺失的现象并非偶然，其原因是多方面的，既与学校教育管理、家庭教育方式有关，也与大学生自身因素有关，还与转型时期的社会环境有关。

（一）部分家庭培育陷入功利化困境

家庭培育是大学生社会责任感培育的基础环节。作为大学生的第一任老师，父母的言传身教往往对子女产生深远影响，不少家庭流传的家风、家训，都折射出对亲人、对家族强烈的责任意识。与此同时，家庭对子女社会责任感的培育也陷入了一种功利化困境。笔者在调查中发现，父母对子女教育的主要目的是使子女能够"光宗耀祖"，承担起为家族争光、为父母尽孝的责任。

就家风家训而言，也多偏向于孝顺、节俭和个人奋斗，鲜有家长要求子女为国家奉献，在面临个人利益与国家利益的冲突时，家长更倾向于保护子女的个人利益。比如家长多鼓励子女以考公务员为职业规划的重点，但一些诸如刑警、消防员、法医等高危职业却鲜有家庭支持子女报考。此外父母多希望子女留在较发达地区工作，有相当一部分父母不赞成或不鼓励子女下乡支教、到贫困的地区去工作。子女在选择专业时，父母往往以就业难易、行业薪资等为标准替子女做出选择，有些子女即便有为国家、社会奉献的意愿，也往往屈从于父母意志，选择相对稳定、安逸的工作。在处理与他人关系方面，父母倾向于保守的人际交往理念，即以保护自己为前提，少管他人闲事。在遇到挫折、困难时，常以"吃亏是福"的观念教导子女少惹事、多忍耐。这样的家庭教育可能会减少一些面对风险的概率，但同时也容易使子女形成自私自利、冷漠无情的性格，导致成为社会责任感缺乏的诱因。

部分家庭对子女社会责任感培育的理念有偏差、重视程度不足，父母自身责任感不强等，都是导致子女社会责任感缺失的重要诱因。

首先，当前家庭教育的理念和内容的偏差导致大学生社会责任感的缺乏。一些家庭存在"重智育，轻德育"的现象，考取好大学、好专业的子女往往被打上优秀的标签。部分家长认为只要学习成绩好，品德方面的瑕疵都"无伤大雅"。这就造就了一批高智商、低情商的"巨婴"大学生，他们习惯接受赞美和表扬，一旦遇到挫折和困难就表现出一种愤怒暴躁、怨天尤人的心态，将成功的原因都归于己身，将失败的原因都归于他人和环境。

其次，部分家长给子女灌输错误的价值观，将追逐物质享受和金钱利益作为培育子女的目标，使子女将幸福、成功、快乐的程度与金钱挂钩，形成一种金钱至上观念。向"钱"看、向"厚"赚，成为普遍存在于大学生群体中的一种观点，物质攀比的现象在大学校园中普遍存在，结出了诸如"校园裸贷""校园传销"等恶果。这种金钱至上的功利心态，造就了一批"精致的利己主义者"，成为导致大学生缺乏社会责任感的重要原因之一。与此同时，家长对子女的过分溺爱也容易导致其缺乏社会责任感。新时代大学生多为独生子女，从小备受宠爱，部分家长将满足孩子的要求作为对孩子爱的体现，无论子女要求是否合理都极力去满足，甚至袒护其过失。这种家庭环境极易使子女形成以自我为中心的性格，对人冷漠无情，事事为自己考虑，导致社会责任感淡薄。

最后，部分家长没能起到良好的榜样示范作用。家长是孩子的第一任老师，家长是否具备社会责任感、是否践履社会责任感行为，直接影响到子女的社会责任感养成。部分家长见利忘义、唯利是图，对长辈不孝，对亲友刻薄，上行下效，久而久之子女也会模仿家长的行为，极不利于其社会责任感的形成与发展。

（二）部分学校培育缺乏实效

作为一种自觉履行责任时的心理态度和情感体验，责任感是可以通过培育来增强的。但是实际上，当前大学生社会责任感培育活动并未取得很大实效。作为大学生社会责任感培育的主阵地，部分学校对大学生责任认知培育重视程度不够，培育目标空泛、单一，培育缺乏系统性和连续性，培育内容和方法上也存在不同程度的缺陷，这些问题都是导致新时代大学生社会责任感缺失的重要原因。

1. 责任认知培育重视程度不够

使大学生具备责任认知是培育的首要任务。大学生的责任认知，是指其对社会责任的认识和理解。对大学生进行责任认知教育，旨在使大学生明白什么是责任、作为当代大学生为何要履行责任、应该如何履行责任、如果不履行责任要承担怎样的后果等问题。责任认知是大学生社会责任感行为过程中的第一个要素，只有在深刻认识和正确理解社会责任的基础上，大学生才能形成社会责任认同，将社会客观责任要求内化为自身的责任情感，进而外化为相应的责任行为。

高校作为新时代大学生社会责任感培育的主阵地，存在对责任认知培育不够重视、责任认知培育效果不明显等问题。笔者试听了许多高校的思想政治理论课，并且对参与课程的大学生进行了访谈，发现当前高校思想政治理论课所包含的四门课程，鲜有关于什么是责任、人为何要履责等问题的解读，教师在授课过程中仅从宏观层面告诉大学生应当履行何种责任，却不对履责原因做出具体诠释。许多受访大学生完全没有意识到提高个人思想道德修养与法律意识和责任感之间的关系，思想政治理论课未能在提高大学生责任认知方面发挥充分作用。高校责任认知培育不到位，直接影响着新时代大学生社会责任感培育的效果和后续工作的进行。

2. 培育目标过于空泛、单一

大学生社会责任感培育的目标反映了培育的本质和方向，规定了培育的基本内容，影响着培育载体和方法的运用，是社会责任感培育理论和实践的一个重要课题。明确大学生社会责任感培育的目标，是顺利开展培育工作并取得实效的基本前提。笔者在收集相关资料、参考现有研究成果的基础上发现，部分高校培育大学生社会责任感的目标较为单一、空泛，脱离大学生实际，难以使大学生产生认同感，这成为培育不利的重要因素之一。无论是家庭、学校还是社会，其培育人才的功利化趋势越来越明显，一些父母教育孩子努力学习，是使孩子将来能够找一份高薪工作，实现财务上的自由；一些学校只重视学生专业知识的培养，责任感培育被边缘化，评奖、保研等激励措施仅仅重视学生的成绩和学术成果，对学生道德责任水平要求不高；社会上"金钱至上"的思想蔓延，而具备高度社会责任感、为国家和社会无私奉献的道德模范、行业楷模等反而无人问津。上述种种，都与社会责任感培育目标不明确有重要关系。空泛地要求大学生爱祖国、爱人民、爱社会主义，制定单一化的培育目标，无法达到激励大学生的目的。

具体而言，首先，当前大学生社会责任感培育目标没有起到导向作用。社会责任感的培育是有明确目的的实践活动。这个目的只有与社会发展客观要求和大学生现实需要相一致，才能具有引导和激励作用。当前大学生社会责任感培育指向性与社会客观要求有偏差，笔者在调查中发现，少数大学生认为只要能够赚钱，无论从事什么工作都可以接受，其认真工作的目的是攫取更大经济利益，至于这种工作是否符合社会需要，则未在大学生考虑范围之内。

其次，当前大学生社会责任感培育的目标无法为培育活动提供充分动力。社会责任感培育是培育双方的双向互动过程，只有双方都充分发挥主体能动性，培育才能取得预期效果。合理的培育目标，有利于激发大学生的主体能动性，为积极互动提供动力。当前的大学生社会责任感培育目标单一，比如思想政治理论课教育大学生爱祖国、爱人民、爱社会主义，这样的目标较为宽泛空洞，与大学生的现实生活距离较远。所以应在最高目标下设许多具体目标，如不转发、评论损国言论；积极参加志愿者服务；关注时事政治；参与到社会建设当中；积极申请入党；弘扬传统文化；学习马克思主义理论知识等。将单一的宏观目标拆解为许多具体的微观目标，可以充分激发大学生的自主学习动力。

最后，当前大学生社会责任感培育的目标无法为活动成效提供依据。目标是评估培育成效的重要依据，当前培育目标设定笼统，没有针对大学生的特点分层次、分环节设定具体目标，难以起到判断评估的目的，无法成为评价大学生社会责任感培育效果的标尺。

3. 培育缺乏连续性、系统性

大学生社会责任感的形成过程是大学生内在的知、情、意、行诸要素辩证运动、均衡发展的过程。这是一个连续的、系统的过程，遵循一定的规律。对大学生进行社会责任感培育，必须以其形成规律为基础，保持培育的连续性、系统性，使各要素协同发挥作用。

学校作为大学生社会责任感培育的主阵地，培育效果不佳的重要原因之一，就在于培育过程缺乏连续性、系统性。笔者在调查中发现，当前高校社会责任感培育主要依赖思想政治理论课以及各种形式的校园文化活动。就思想政治理论课而言，课程内容中有关社会责任感的内容并不多，教师可能会在讲解马克思主义基本原理、中国共产党党史、中国近现代史、思想道德修养和法律基础的过程中提及责任或责任感问题，但这些内容并不连续，缺乏完整的、系统的责任感培育。校园文化活动更是如此，或许有个别活动与社会责任感培育有关，但这些活动较为分散和孤立，不能形成完整的培育体系。

大学生自身的社会责任感水平一直在不断发生变化，大一新生和大四毕业生所关注的内容不同，对责任感培育的需求方向和程度也有所不同。碎片化、间断式的社会责任感培育往往缺乏针对性。对所有大学生一视同仁，不分层次，这就导致培育内容无法被大学生充分认可，进而影响培育效果。大学生社会责任感培育的连续性和系统性体现了大学生身心发展的连续过程，杜威曾在《经验与教育》中将连续性作为重要的教育原则之一。当前高校在社会责任感培育过程中缺乏连续性和系统性，是影响大学生社会责任感培育效果的重要原因。

4. 培育内容的针对性、可接受性和时代性不强

大学生社会责任感培育的内容是培育系统的基本要素，是培育者对大学生实施培育的具体要素。培育的内容，必须以社会的客观责任要求为依据来选取，必须针对大学生的思想实际来制定。当前大学生社会责任感培育的内容单调且滞后，没能结合大学生的思想实际，突出目的性和先进性。

首先，当前大学生社会责任感培育的内容缺乏针对性和可接受性。就高校培育而言，责任感培育的内容主要蕴含于高校思想政治理论课教学当中，大学生基本上接受的都是同样的教材和同样的授课内容。这种培育内容的设定没有考虑到大学生思想和行为上的差别，没有针对大学生的个性特点、思想实际、知识水平、接受能力等。同时，大学生社会责任感培育的内容没有选择以大学生的内在需要作为"突破口"，其内容多为形式化、固定化内容，有些内容为纯粹理论描述，与大学生实际生活联系不强，导致大学生与培育内容产生距离感。笔者在调查中发现，就中国特色社会主义而言，如果直接进行理论灌输，大学生往往无法感同身受，他们没有经历过社会大变革的年代，对课本中描写的理论知识认同度不高，或认为教师所授内容与自身无关，不愿意投入学习精力。

其次，当前大学生社会责任感培育内容缺乏时代性。随着社会的发展和变化，大学生群体个性更加张扬，时代特征更加彰显，但与其配套的社会责任培育内容更新始终滞后，未能把握时代脉搏，及时反映出社会发展实际和大学生的思想实际，培育内容缺乏时代性。笔者在调查中发现，虽然现在关于新时代的理论学习活动很多，但其内容并没有体现在具体培育实践当中。第一，培育大学生社会责任感，必须顺应时代发展要求，解答时代发展新课题，使培育内容体现出时代精神，这一点在当前的培育内容中并没有充分体现。第二，培育的内容应该敏锐地、及时地反映鲜活的现实社会生活，使社会责任感培育具有生命力和说服力，这一点当前培育内容中也鲜有体现。

（三）社会转型带来的负面影响

马克思主义认为，人的思想、观念的形成是外部客观环境影响的结果。《共产党宣言》中指出："人们的观念、观点，一句话，人们的意识，随着人们的生活条件、人们的社会关系、人们的社会存在的改变而改变。"环境氛围决定着人们的思想和观念。良好的道德氛围、健全的法律制度是责任实现的保证，是大学生社会责任感形成和发展的客观基础。当前我国社会正处于转型的重要时期，在经济全球化、文化多元化、社会信息化的复杂背景下，利益关系发生了复杂变化，加之受人们认知局限的影响，一些阻碍社会转型顺利进行的负面因素逐渐出现，成为影响社会成员尤其是青年大学生社会责任感形成的重要原因。

1. 利益关系转变带来的负面影响

社会转型时期，人与人间的利益格局、利益关系和利益机制发生了重大变化。受我国具体条件限制，利益关系发生变化必然是不均衡的，有的群体获利多，有的群体获利少，有的群体利益增长快，有的群体利益增长慢，有的群体甚至在转型中受到利益损害。由于受益程度不同，不平衡的利益格局下必然出现不平衡的社会心态，这是一系列负面影响产生的经济根源。利益的不均衡分配为"财富崇拜论""金钱至上论"提供了繁衍的土壤，当前社会中一系列热点如"公务员热""文凭热""炒股热""炒房热""集资热""网红热"等，无不反映出人们对金钱的狂热追逐，一些人不再讲理想信念，不再追求奉献和感恩，而是把个人物质享受作为人生的价值追求目标，这必将导致社会责任感的缺失。

随着改革步伐的前进，社会转型进程不断深化，尤其是市场经济体制的不断发展，给人们尤其是青年大学生群体带来了更加宽广的舞台。新时代大学生在享受社会变革带来的成果的同时，也面临更加严峻的挑战。在社会转型的新时期，新旧矛盾交织愈深，利益关系愈加复杂，人们的社会心态发生了一系列变化，拜金主义、享乐主义、贪污腐败、分配不公、人际关系扭曲等不良风气广泛影响着大学生的物质精神生活，成为导致大学生社会责任感缺失的重要诱因。大学生久居"象牙塔"，对社会现实认识不深，加之辨别能力较弱，很容易被转型时期非主流的价值观念和不良社会现象所蒙蔽，形成急功近利、自私冷漠、注重享乐的错误价值观，不顾社会责任和整体利益，将个人价值与社会价值割裂开来，为追求物质利益不择手段。这不仅是大学生社会责任感培育面临的挑战，也是亟待解决的社会性问题。

2. 大众传媒的负面影响

社会信息化是当今社会鲜明的时代特征，互联网彻底改变了人们的生活，以互联网为依托的新大众传媒载体更是广泛渗透到人们的日常工作、学习和生活的方方面面。对新时代大学生而言，无论是学习、社交、娱乐还是其他日常活动，都深受大众传媒的影响。借助先进的多媒体设备，如智能手机、笔记本电脑、ipad 等，大学生可以随时随地获取大量知识和信息，但这些信息并非完全有益于大学生，为大学生甄别对错、区分善恶增加了难度。大众传媒带来的负面信息往往具有隐蔽性和诱导性特征，其可能潜藏于影音产品、游戏、书籍之中，也可能渗透在大学生的交往方式、亚文化之中，大学生由于辨别能力和抵御诱惑的能力不强，加之叛逆心和好奇心较重，往往容易受到这些负面传媒信息的吸引和蒙蔽，形成错误的人生观和价值观，影响社会责任感的形成和发展。

大众传媒带来的积极影响和便利毋庸置疑，但有些传媒机构未能尽到自身的社会责任。近些年大众传媒行业发展迅速，在给人们带来便利的同时，部分黑心机构为了追逐利益，将企业的经济效益与社会效益割裂开来，抛弃了作为媒体应担负的社会责任，或对传媒产品不加审核，只要给钱什么都可以传播；或为了博眼球、造噱头，故意传播低级、庸俗的传媒产品；或扭曲主流社会价值，为各种不良社会思潮造声造势。大众传媒机构自身缺乏社会责任感，是其负面影响产生的重要原因，其在责任宣传上的失导，极易引起大学生责任认知的冲突和责任选择的迷茫，不利于大学生社会责任感的形成和发展。

（四）大学生自身新特点带来的负面影响

当代大学生成长在社会产生深刻变革的新时代，呈现出了许多具有鲜明特色的时代特征。当今大学生大部分是独生子女，是伴随着中国的改革开放成长起来的，他们与父母那一代的成长环境相比，在家庭中往往处于"中心"地位，处于被照顾的地位。这些大学生普遍被认为是幸福的一代，他们衣食无忧，生活稳定。同时，他们在思想上更加独立，叛逆心理较强，但心理上又比较脆弱，生活自理能力较差，这些特点，都是导致其缺乏社会责任感的内部原因。

大学生应更加主动地去探索世界、了解世界，参与到自身社会化的进程当中，但受限于自身独特的身心特征，其世界观、人生观和价值观尚未完全形成，没有形成对责任的深刻、牢固的认识体系。此外，青年大学生的情绪波动较大，呈现出悲观与乐观、向上与颓废、信任与怀疑并存的思想状态。由于步入社会时间尚短，大学生对社会关系和社会现象的解读不够深刻，并且极易受到他人影响，独立思辨能力不强。面对复杂社会环境时，部分大学生表现出内心的迷茫与慌乱，严重缺乏主动承担社会责任的意识和勇气。例如一些大学生在离开校园步入社会后，受到一些来自领导、同事、长辈的错误的潜规则价值观的教导，这种扭曲的人际关系解读使部分大学生长久以来形成的价值观体系受到强烈冲击，是随波逐流还是坚持己见，是顺从隐忍还是奋力抵抗，成为困扰大学生的难题。这种迷茫来自外部环境的复杂变化，也与大学生自身认知能力有关。此外，还有一部分大学生心气较高但内心脆弱，这部分大学生一直以来都生活在赞美之中，一旦遭遇挫折和失败便容易表现出自暴自弃、怨天尤人、颓废放弃的心态。这些来自外部环境的刺激以及大学生自身思想矛盾的消极情感波动，是导致大学生社会责任感缺失的重要因素。

新时代大学生大部分是独生子女，他们成长在充分享受改革开放成果的和平年代，优越的生活环境和条件使其更加注重自身精神世界的构建，同时也更容易形成以自我为中心的极端性格，只注重个人利益而忽略集体利益，只讲索取不讲奉献，只懂得要求他人而不懂得回馈和感恩，这些都是缺乏社会责任感的体现。新的时代背景和社会环境使大学生在思想观念和行为习惯方面形成了许多新的特点，这些特点既有积极向上的一面，也有消极颓废的一面。这些消极特点带来的负面影响，是导致大学生社会责任认知不足、社会责任情感淡漠、社会责任意志薄弱、社会责任行为缺乏的重要原因，并成为大学生社会责任感提升的桎梏。

（五）各培育渠道未能形成培育合力

大学生社会责任感培育是一个复杂的、系统的过程，涉及子系统众多，培育渠道也多种多样，仅就笔者调查而言，家庭培育、学校培育、社会培育以及大学生自我培育都是培育社会责任感的重要渠道。理论上讲，只有这些培育渠道相互作用、相互影响并形成协同育人局面。大学生社会责任感培育活动才能真正取得实效。然而，笔者在调查中发现，当前我国大学生社会责任感培育各渠道间各自为政，缺乏沟通，没有形成良性的互动局面。笔者调查发现，仅就思想政治理论课来看，首先，思想政治理论课和其他课程间没有形成互动的课程培育机制，其次，思想政治理论课没有和日常思想政治教育形成协同育人局面。家长、老师、辅导员之间缺乏有效互动，对大学生的日常表现、思想状况、责任行为、培育计划等缺乏沟通，家庭渠道和学校渠道没有形成良好合力。大学生参与社会服务、志愿活动也往往流于表面，活动往往缺乏学校和家庭的有力支持，参与时间较短，程度较浅，更多是一种参观式的"面子工作"，达不

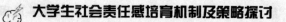

到通过社会实践培育大学生社会责任感的目的。当前大学生社会责任感培育各渠道、各要素间尚缺乏一种良性的互动，时时育人、处处育人、人人育人的协同育人局面尚未充分建立，协同效应有待加强。

第二节　大学生社会责任感培育存在的问题

要增强大学生的社会责任感，除了要掌握大学生责任感的现实情况，了解大学生责任感现状的优点和不足外，还要准确找出大学生社会责任感培育中存在的问题。培育大学生的社会责任感，需要自身、家庭、学校、社会共同努力，积极作为。高校是大学生责任感培育的主要阵地和场所，高校的责任感培育应受到重视。高校责任培育具有以下现实情况。

一、培育理念的片面性

（一）忽视学生法治意识教育

在我国传统社会，宗法和伦理道德都要求个人对社会、对国家的牺牲。传统伦理社会依靠道德的力量规范人们的行为，提升人们的责任感，人们承担责任依靠的是内心对道德规范的遵从。然而，随着社会的发展，我们国家进行法治建设，培养人们的法律人格。法治国家的建设、法律人格的培养都必须依靠责任的力量，因此，培育大学生的责任感，不能仅从道德层面进行呼吁，也要从法律层面进行责任培育，通过加强法治教育，在法律规范中渗透社会主流价值观念、行为准则和道德良知，用法律来反映社会主流价值观念的变化。社会意识形态的发展，用法律来推动社会主流的价值导向。

在学校的实际培育过程中，有些学校对责任感的培育主要停留在道德层面，没有从法律意识领域对学生进行责任感培育，甚至将二者割裂开来。在培育学生道德素质的《思想道德修养与法律基础》这本教材中，前六章内容论述了社会生活中的道德规范，只有后两章论述了法治精神和法律制度，道德和法律的内容篇幅相差较大。同时，只有第六章第一节论述了职业活动中的道德和法律，较浅地论述了道德和法律的关系，整门课程并没有系统论述道德和法律之间的关系。高校对大学生责任感的培育包含在了社会公德教育、家庭美德教育、职业道德教育之中，主要停留在道德培育层面，很少从法律层面进行论述。

（二）忽视学生的主体性

随着社会的发展，个人在社会中的作用越来越大，学校的责任教育需要越来越重视学生的主体性。但是，有部分学校的责任感培育忽略了学生学习的积极能动性，忽视了学生的主体性。

忽视学生主体性首先体现在教学过程中。在课堂上，部分老师的授课方式主要是责任理论的灌输，就是"我说你听"的授课模式，老师只是单纯讲述理论，忽视了与学生的良性互动。同时，教师在课堂上没有对学生的内心进行引导，也没有关注学生对责任理论的接受程度与内化程度，没有引导学生用内省的方式感受责任，增强责任感。

忽视学生的主体性还体现在学校的建设和管理中。学校只把学生当作被管理者，学生在学校的任务只是学习知识，提高学术能力，他们很少有机会参与到学校的建设中，更缺乏有效的渠道为学校的发展建言献策。学生在社会实践中也不具有主动性，学生参加的一些实践活动是学校规定的，部分学生没有积极地投入活动中，参加活动的目的只是在学校考评中加量化分。学生在活动中没有感受到承担责任的重要性，没有感受到责任感对自身和社会发展的重要意义。因此，没有有效调动学生主体性的社会实践活动通常很难达到良好的责任感培育效果。

二、培育目标的功利性

社会责任感培育是德育培育的重要组成部分，但是部分学校在实际的教学和管理中，常常忽视对学生责任感的培育，学校的培育目标显功利性。主要表现为在学校的教学工作和管理工作中忽视责任培育，重视学生专业技能和教育的经济价值。

（一）重视学生专业技能，忽视学生责任感

学校培育学生，目标应该远大，应把学生培养成德才兼备的人，而不能只重视智育，忽视学生德育，尤其是学生责任感的培育。学校忽视学生责任感培育首先体现在课程设置上。学校的责任感培育主要依靠思想政治理论课，大部分责任感内容在"思想道德修养与法律基础"这门课中得到讲授。学校对学生专业技能的课程设置较齐全和完善，专业课的课程数比德育课程多。学校忽视学生责任感还体现在对学生的考评体系上。学校并没有一套行之有效的责任感考评体系，对学生德育的评价只停留在德育理论的识记程度上，忽视了对学生

责任行为的评价。部分高校就算有对学生责任实践活动的评价，也只关注社会实践活动的数量，忽视了实践活动的实际效果和学生内心对实践活动的感悟。

（二）培育目标注重经济价值，忽视人文价值

部分学校的培育目标重视经济价值主要体现在学校的培育目标完全受社会的支配上。学校主要培养学生的专业知识，把培育目标与市场接轨，培育市场需要的专口人才。培育的目标完全受市场的支配，高校成了社会工作"机器"的输出者，大学教育出现了职业教育的倾向。为了提升学校就业率，学校主要训练学生的专业能力和智力，忽视了人文精神和道德品质的培育。学校忽视学生的人文教育，使得学生的人文素质不高，思想底蕴不丰厚。完全受市场支配的培育目标很难培养出全面的人才，由这种功利目标培育出来的学生，缺乏良好的世界观、人生观、价值观，很难具有社会责任感，更难为建设祖国，承担历史使命。

三、培育内容缺乏针对性

（一）培育内容缺乏层次性

培育内容缺乏层次性首先体现在学校培育内容单一上。第一，责任的内容应该是多层面的、全方位的，不能停留在某一方面。但是现在部分学校的培育内容单一，从小学的思想品德课到大学的思想政治理论课，大多时候灌输爱祖国、爱人民、爱社会主义的思想。第二，学校只关注学生的道德责任，关心学生的道德素质，忽视学生的法律责任、生命责任的培育。培育内容缺乏层次性还体现在学校培育的内容忽视学生的身心特点上。学校德育目标具有整体性，学校整齐划一地培育学生，没有针对学生的身心特点进行培育。在思想政治理论课上，教师从大处着手，关注全国甚至全球的事情，让学生树立国际意识和爱国意识无可厚非，但是课堂只关注这些内容，会让学生产生思想政治理论课无用的错误思想，因此达不到良好的责任感培育效果。

（二）培育内容比较空泛

首先，学校的责任培育内容僵化，没有根据时代的发展和社会的进步而增加新的责任教育内容。其次，当前的责任教育内容不清晰、明确。在相关的责任感现状调查中，有部分同学对责任感的具体内容了解得不够清楚。再次，现阶段的责任培育只是一种责任认知培育，培育内容停留在认知层面，学校没有引导学生把责任认知外化为责任行为。最后，学校培育的内容与学生的生活脱节，

忽视了与学生生活相关的方面，与现实联系较少，缺乏现实针对性。在相关调查中，有 22.6% 的大学生认为社会责任感和自己的前途联系不紧密，有 6.7% 的大学生认为社会责任感和自己的前途联系非常不紧密。这些与生活脱节的培育内容使责任感的培育效果不佳，造成了大学生"大事做不了，小事做不好"的局面。

四、培育方式的单一性

培育方式的丰富程度对大学生责任感培育效果的优劣有重要影响，只有多样化的培育方式才能积极调动学生学习的主动性，从而提升责任感培育的效果。然而，当今部分高校大学生社会责任感培育方式显单一性，社会责任感的培育没有取得良好的效果。培育方式的单一性主要表现为在思想政治理论课中采用灌输式的培育方式。

（一）主要在思想政治理论课上培育责任感

当前学校培育学生责任感的主要途径是思想政治理论课，把培育学生责任感的重担多数抛给思想政治理论课，而忽视在专业课上对学生社会责任感的培育。相关调查发现，有 86.5% 的大学生认为思想政治理论课是大学生社会责任感培育的渠道。当前高校缺乏责任感培育课程的有效整合，主要在思想政治理论课中进行培育，在思想政治理论课中对学生责任感培育的时间较少，学生学习的责任感知识较浅显，没有足够的时间深入理解责任感。培养大学生的社会责任感，需要依靠学校中的多种力量，而不能只靠思想政治理论课。学校应该整合培育的相关课程体系，把责任感教育植入专业课学习中，把专业课的教学和责任感的培育结合起来，在课堂上润物细无声地传播责任感。

（二）主要采用理论灌输方式

培育方式的单一性还体现为部分高校主要采用灌输式的教学方法，即"我讲你听"。这种教学方式有以下不足之处：一方面，忽视了学生的主观能动性，教学的内容不能引起学生的兴趣，学生很难投入课堂中。学生在课堂上只学了关于责任的理论知识，并没有将责任与实际生活联系起来，学生并不认同责任，更不能做到对社会负责，所以责任感培育没有达到理想的教学效果。另一方面，重灌输、轻实践的教学方式只是对学生进行了责任认知教育，它脱离学生的生活实际，学生不能把内心的责任情感外化为责任行为。在相关调查中，有 47.1% 的大学生从没有参加过志愿服务、社会公益活动等社会实践。

五、学校培育缺乏合力

培育大学生的社会责任感，高校应形成有效的合力，只有学校的各个系统之间，学校与社会、家庭之间凝聚培育合力，高校的责任感培育才能达到理想的效果，否则，各个培育主体之间会彼此消解培育的效果。然而，当前部分高校的大学生社会责任感培育缺乏合力，主要表现为：主要在思想政治教育课上培育学生的责任感；教学部门与管理部门培育脱节；学校培育与社会、家庭培育缺乏联系沟通。

（一）学校专业课缺乏对责任感培育的重视

学校开设的专业课的教学目标主要是培育学生的专业知识，提升学生的专业能力与素养，而对学生的思想道德素质特别是学生的责任感的培育缺乏应有的重视。学校对学生的评价也更关注学生的专业知识，专业课的成绩在学生的考评体系中占很大比重。思想政治课教师纯讲责任感理论，专业课教师只关注专业课程的学习，思想政治课教师与专业课老师缺乏交流、沟通，没有有效地对各自课程领域的教学资源进行整理、对对方的课程资源进行借鉴。

（二）部分学校教学培育与管理培育脱节

培育大学生的社会责任感，高校的教学与管理应该发挥各自的作用，彼此间紧密联系，共同为学生的责任感培育创造良好的条件。但是，部分高校忽视学校的教学与管理的协同作用，特别是学校的学生管理主要关注学生的日常行为规范，用外在条件规范学生的日常行为，较少从制度方面规范学生的责任行为，提升学生的责任感。部分学校的管理与教学脱节，管理的目标没有紧紧围绕教学的目标展开，学校管理工作没有对教学工作发挥辅助作用，甚至有时教学与管理工作反向发展。

（三）学校与家庭、社会缺乏沟通

当前部分高校培育大学生的社会责任感，只关注学生在学校的行为和表现，而忽视学生在家庭和社会中的表现。培育大学生社会责任感需要学校、家庭、社会共同发挥作用，这样才能达到良好的培育效果，但是部分高校忽视与家长的沟通与交流，因此对学生了解得不够透彻、全面。学校没有与社会形成良性互动，不能充分利用社会资源来进行责任感培育，因此培育的责任感只是思想和语言上的责任感，学生没有表现出较稳定的责任行为。

第三节　大学生社会责任感培育薄弱的原因

一、学生认知能力不足，自我角色转换更迭

（一）社会认知能力不足

社会认知能力是指人们对现实社会的特点、矛盾、社会关系及自己与社会的关系等社会存在认识、分析和评价的能力。大学生的社会认知能力弱主要体现在缺少实践认知、理论思辨和人文素养等三个方面。

1. 缺少实践认知

社会意识取决于社会存在，认知是意识的初级阶段，形成行为是其高级阶段。在认知向行为转化的过程中，个人需要在实践中不断深化认知、增强认同，升华情感并内化于心。社会实践是内化和外化、认知和行为交互作用的中介，也是社会责任感培育的必要环节，是培养、践行大学生社会责任感的必经之路。大学生的生活方式较为单一，主体的生活空间在学校，几乎没有接触社会的机会，缺乏对社会生活、社会环境、规则秩序和历史传承等全面的了解，对人与人之间、人与社会之间的关系不能全面、清醒地认识，不能正确看待社会丑恶现象，把握不了社会生活的主流和发展趋势，以致他们对社会现象的认知停留在感性认识阶段，虽然他们也对社会的某些热点、焦点问题进行批判，但更多的是从一个旁观者的角度去评论和参与社会实践，不能透过现象看到本质，没有真正融入社会大环境中，缺乏实践机会和平台，从而使他们的社会责任感在建构过程中主观上偏向自我而忽视社会。

2. 缺乏理论思辨

大学生处于学习知识的重要阶段，也处于价值观、世界观形成的重要阶段。由于知识学习以及理论学习的不足，使得大学生不但缺少社会实践，也缺乏理性思辨和分析选择能力，很难看清事物的发展规律，不能正确地面对历史的发展，面对复杂的社会现象很难透过现象认清本质，以致出现把社会表面现象当作社会本质的情况，影响了自己的认知、判断和行为，有时不能正确、全面地认知自己在社会发展中的作用和地位，导致大学生对社会观点、个人与社会关系、个人与国家的关系、个人在历史中作用等缺乏正确的认识，致使大学生只能看到个人这个"小我"，缺乏对社会和历史"大我"的认知，缺乏奉献社会、投身改造社会和促进发展大潮的理想和勇气。

3. 缺乏人文素养

高校的扩招使大学生数量激增，高校教育由精英教育迈入了大众化教育行列，有更多的学生有了上大学的机会，但生源质量和素质也参差不齐，学生学习习惯和学习能力也很是不同。加之应试教育和考试制度的影响，学校、学生和家长根本不重视对学生人文素养的培养，致使大学生不重视哲学、历史和文学等人文知识的学习，学校又缺乏必要的课程，使得学生缺乏人文底蕴和人文精神的强大支撑，对其社会责任感的形成有一定的制约。

（二）社会定位不准

1. 读书功利性强

一些大学生从小学到中学学习的直接动力和唯一目的是考上大学，于是出现了这样的认识：学习的目的是考上好大学，好大学意味着好起点，好起点就会有好的收入和较高的社会地位，带来美好的一生，而不是通过读大学来学习知识，丰富自己的精神世界，明确职业和社会角色。所以，出于功利性的目的，部分大学生一直没有把自己和社会责任联系起来，认为个人价值重于社会价值，崇尚个人价值的实现，重视个人利益，轻视社会和整体的利益，从而社会责任感缺失。

2. 大学生责任模糊

在我们的生活中常常有这样一种误解：把"负责"只看作对成人、职业人员的道德要求，因而，"负责"似乎与儿童、青少年无关，与家庭、公众活动领域无关。事实并非如此。负责是对每一个人在人生各阶段承担的多重角色的共通性道德要求。在人们的惯性思维中，大学生虽然已经到了十八周岁，在法律上是有完全行为能力的人，但是家长和社会都认为，大学生是孩子，孩子就等于不用或者基本不用负责任，在这种思维下，大人眼中的孩子——大学生的责任被弱化、模糊化，甚至消失，大学生仿佛处于"责任真空区"，只需要学习，学习是唯一任务，职业责任、社会责任等都与他们没有关系。这种责任模糊使得大学生责任感培育没有受到家长、学生甚至学校的关注，造成了责任感教育的缺失。

3. 角色定位更迭

大学生缺乏社会责任感与他们所处的心理发展时期有着重要的联系。学界认为大学生处于同一性弥散阶段。同一性弥散理论来自美国心理学家埃里克森在著作《同一性：青少年与危机》中提出的自我同一性概念，是用来说明青少年时期心理发展及人格成熟状态的一个术语。他将人的一生分为八个阶段，每个阶段有特定的发展主题及需要面临的危机。青少年时期把"同一性弥散"作为危机的主题。所谓同一性弥散是指"个体在自我整合的过程中，由于整合失调导致无法认识自己或确认自我，而使自我处于一种毫无布局的弥散状态"。从这一理论出发，观察我国大学生可以发现，大学生进入高校学习后，很多人对个人定位、个人成长目标、个人与社会的关系、社会对于个人的要求没有明确的认识，思想上表现为缺乏个人目标和社会理想，行动上表现为缺乏动力和不愿作为，不愿参加集体活动、缺乏生活激情、学习动力不足、缺乏学习社会计划等，处于一种游离状态，这些情况导致大学生对自我、自我和社会关系认识模糊，不能形成明晰的目标和强有力的信念，无法形成强烈的社会责任感。

大学生主要是以下三个方面的角色转换没有做好：

一是"学生"向"职场人"的转变。大学时期也是道德个体化和个体社会化的过程，大学生处于"学生"向"社会职场人"角色的转换阶段，新旧两个角色之间存在着责任和义务的冲突，加之社会和个人对一个社会角色理解、期待和要求的差异性，容易使大学生因产生心理矛盾和角色冲突而无所适从，即使意识到了自身角色转换也由于个人惰性、缺少家长引导、缺乏学校教育使得他们行动上缺乏紧迫感，适应的结果很差，很难达到社会的角色预期，多数不能很好地实现"学生"向"职场人"的转变。

二是"高中生"向"大学生"的转变。很多家长和学生认为高中生和大学生都是学生，生活环境是学校，基本相同没有变化，实际上二者的角色和任务发生了很大的变化，它们在学习方式、学习任务、管理模式、生活环境等方面有着巨大的差异。高中生学习理论知识，以升学为主要目的，大学是学生向职业人转化时期，除了学习知识外，还要锻炼职业人需要的技能素质，要满足社会和职业的需要。高中生刚刚进入大学时对这样的区别没有看清楚，也不知道怎样调整适应，出现了大学适应期，一些人变得迷茫、无聊，甚至颓废，对学习、生活和身心都产生了很大的影响，角色不能及时转变，自身的定位和角色把握不准，也就不能很好地履行自身责任和社会责任了。

三是"部分责任人"向"全面责任人"转变。大学生在家长和社会眼中"孩子"的身份和定位，使得大学生是对个人和社会承担部分责任的人，而现实上法律和社会要求大学生是全面责任人，这种转变是对大学生社会责任感提出的重要要求，是大学生走向成人的要求，也是大学培养的主要任务。但是，家长、社会和学校对这方面的认识较少，学生也处于不能认知的情况，自然很难实现，不能成为全面责任人，也就不能承担其全部的社会责任。

4. 多元价值冲突

从市场经济的发展和社会的转型背景来看，各种思潮涌入国门，人们的传统观念发生深刻变化，整个社会呈现出了价值多元化、利益多元化的倾向，现实社会中的权钱交易、诚信缺失、贫富差距等现象和问题，使学生的价值观也受到了冲击和影响，一些学生理想信念缺失，产生享乐主义和拜金主义思想，追求个人的利益，轻视义务，只想索取，而不愿付出，注重享受、追求自由，缺乏积极进取的精神，缺少自我实现的价值追求，轻视或拒绝社会责任，大学学习成为换得个人利益和生活的手段，而不是为他人、社会工作贡献的途径。

（三）心理认知矛盾

1. 心理基本特点

大学生一般在 18～22 岁，虽然已经是成人，但其心理发展处于极速趋向成熟而又不完全成熟的阶段，称为"感情风暴期"或"心理断乳期"。大学生心理不成熟，成为制约其社会责任感形成与发展的重要因素。他们心理上渴望独立，自认为具备了独立的思想和能力，但是在现实中缺乏独立生活的勇气或者处事能力不够。大学生的思维特点是逻辑抽象思维占主导地位，批判性、创新性和独立性强，但是容易出现脱离实际、主观片面、坚持自我、缺乏思辨等问题，同时他们情感丰富强烈，但两极化严重，要么干劲冲天、豪气万丈，要么消极低沉、踌躇不前，情绪波动很大，有时情感不受理智的控制和调节，情绪容易出现"暴风骤雨"的状态。在对自己的认知上，有些大学生充满自信，期待较高，但缺乏实干，眼高手低；有些大学生悲观不前，一味逃避，缺乏做事热情。

2. 学校教育和社会现象矛盾

学校教育大学生要有崇高的理想、坚定的信念，社会和集体利益高于个人利益，要树立为中国特色社会主义事业奋斗的价值取向。而现实中极端利己主义、只为个人不顾他人及社会的现象冲击着学生的思想。学校教育大学生要遵守社会公德，勇于为社会贡献理想，但是社会上不道德、不负责任的现象经常发生，消解了大学生正面教育的效果。学校教育大学生应坚持诚信，努力拼搏，靠实力实现个人理想，但现实中投机取巧、权钱交易等现象让学生很难坚守学校的正面教育……这些矛盾影响着大学生心理和价值观的形成，学生在学校教育和社会之间摇摆，当遇到外界物欲的诱惑和干扰时，大学生很容易突破道德底线，丧失作为大学生的基本应有的责任感。

3. 自我意志力薄弱

意志力是指人们为了实现既定目的而自觉努力的程度或坚强的意志品质。作为人格中的重要组成因素，意志力对人的一生影响重大，强大的意志力是人们获得成功的必要条件。要想实现自己的理想，需要个人不断努力、拼搏，也需要坚强的意志作为前进道路上的克服一切困难的保证。反之，意志力薄弱的人往往缺乏自信和主见，缺乏对自我的约束力和控制力，遇到困难时出现逃避现实的情况。大学生有一定的思想水平，也有很多人知道自己应该承担的各方面责任，责任感认识程度高，但是由于自我意志力薄弱导致责任行为没有形成，也就是有责任感认识，但没有坚强的意志做保证，使得很多人没有采取或者没有执行责任行动。

4. 自我意识水平低

自我意识是个体对自身生理、心理和社会功能状态的知觉和主观评价，包含个体在社会实践中自己对自己、自己对他人、自己对社会、自己对自然等关系的意识。自我意识是个体行为和思想的调节器，对道德品质形成有重要的作用，也是大学生社会责任感培育的前提和内在动力。自我意识包括自我认知、自我体验和自我调节等三个要素：一是自我认知，主要表现为自我的感觉、分析、批评和评价等，简言之"我是一个什么样的人"。大学生充满好奇但社会阅历较少，对事物认知不足导致自我困惑和矛盾，使自己缺乏准确的个人角色定位，影响了自己对承担社会责任的认知。二是自我体验，主要表现为自尊、自爱、自信、自卑、责任感、义务感、成就感等自我感受，简言之"我是否满意自己"。由于自我认知阶段的模糊，大学生自我体验不稳定，容易产生极端情绪，甚至不负责任的非理智行为。三是自我调节，主要表现为自强、自立、自我监督、自我调节和自我控制，简言之"我如何节制自己"。自我调节是一个人对自己心理和行为的自我作用过程，包括自我监督、自我控制、自我教育等，自我控制与自我教育是自我调节的最主要方面。

大学生由于自我认知模糊、自我体验不稳定、自我调节能力较弱等原因，表现为理想自我与现实自我、独立人格要求与心理依赖、主观自我与客观自我等三对矛盾，导致思想和行为存在矛盾，在个人意识上表现为盲目自我膨胀和实际自卑意识的兼容。有的大学生往往心高气傲，但做事粗心应付，不能脚踏实地从小事做起，一旦触及具体问题，又转化成抱怨环境、无所作为的自卑意识。可见，大学生自我意识水平低是影响社会责任感养成和发展的内在原因。

二、家庭教育目标错位，家长榜样教育作用缺失

家庭是人生的起点，是最基本的社会生活组织形式。家庭作为人的第一所学校，家庭教育担负着对儿童传授文化知识、培养道德品质、指导行为规范、帮助自主谋生等责任。

目前，我国的家庭社会责任感培育普遍存在一些问题。

（一）当代中国家庭结构的弊端

1. 家庭结构导致大学生家庭责任感削弱

1979年，我国为了解决人口增长与社会经济平衡发展的问题实行了计划生育的国策，随着政策的执行，独生子女成为一个广泛存在的新事物，其教育、成长、婚恋等问题一度受到社会关注，形成的"四二一"家庭已经成为社会的主要家庭结构。"四二一"家庭是指由祖父、祖母、外祖父、外祖母四人，父亲、母亲二人和一个独生子女所组成的独特家庭结构。现在在校的大学生多是1995年以后出生的独生子女，因而，他们得到两代六位长辈的爱护，所有事都能得到帮助和关照，吃穿不用动手，物质生活得到极大满足，基本不从事劳动，也没有经历过艰苦的生活，养成了自私心理，长辈的呵护被视为理所当然，缺乏责任感，没有意识到个人需要对家庭负责，需要给家人感恩和回馈。

2. 责任替代导致大学生家庭责任感削弱

随着社会经济水平的提高，家庭的物质生活条件也得到了明显改善，有更多的金钱为孩子的生活提供物质保证。当代大学生从小过着物质富足，生活无忧的生活，缺少吃苦的经历，有些形成了奢侈浪费、不珍惜物质等习惯。"四二一"家庭结构，使孩子成为家庭的中心，长辈和父母把孩子奉为掌上明珠，过分关注孩子的一举一动，替孩子想好一切，为孩子提供一切最好的物质条件，本应该孩子自己做的事都由父母或长辈代办，使孩子出现没有责任可以承担的责任"失重"现象，形成了孩子对父母、他人、社会的要求高而多，对自我的要求低而少，做事以自我为中心，不懂得与他人分享，权利意识强而义务感、责任感弱等社会现象。

3. 缺少责任实践导致大学生社会责任感降低

以家为本位是传统中国社会的特点，且国人十分重视亲情。亲情应该是相互的，如父母与子女、子女与父母之间的互动。随着时代的发展，父母为了子女的发展和教育可以做到牺牲一切，倾其所有，但子女缺少必要的回馈和反应。

于是，在中国现在的家庭中，父母包办了孩子的一切，替代了孩子一切的责任，使孩子从小就生活在一个不用负责任的环境中，形成孩子从小几乎没有承担过责任、进行责任实践的情况，孩子缺乏生存的基本技能与自我负责的精神，长期下来无法形成社会责任感和责任能力。

（二）教育目标错位

1. 家长教育观念不对

（1）读书功利性思想影响

目前我国的许多家长对家庭教育的认识存在很大的片面性，尤其表现在家庭教育中德育职能弱化，逐渐被智育和其他一些功利性较强的教育职能所代替。古代就有"书中自有颜如玉，书中自有黄金屋"的说法。从古代看，中国人读书的功利性很强，读书成功与收入、地位、婚姻等有着密切联系，这种思想一直影响到现在的人们，家长和孩子读书的目的很少是为了增长知识、提升素质，他们读书是为了考试，考试是为了上好大学，上好大学是为了有好工作，有好工作是为了有好收入和高地位，从此人生一片光明。这种功利性思想自然使人们产生一种浮躁的狂热，功利性的目的引导功利性的行为，功利性的行为让读书有了压力。

（2）社会竞争压力的影响

国家经济社会的发展，使各行各业之间的竞争十分激烈，人们为生存需要不断应对竞争，面对这样的压力，学习的专业、学习的学校、职业能力成了竞争中的前提条件，为了能够更好地生存，学生和家长必须通过前期的努力获得竞争优势，那么，学习成绩好、考上好大学就成了一些家长和孩子的选择。在这种思想和意识的指导下，学生成了为学习而生的人，家长不会考虑孩子的兴趣、性格和愿望，直接把学习摆在孩子面前，学生成为追求分数的机器，学习好、分数高成为好孩子的标志，自我责任、家庭责任及社会责任逐渐被学习成绩和学校升学率所替代，学生的社会责任感处于无人引导教育的情况，导致孩子社会责任感淡薄，责任能力差。

2. 家长忽视健全人格的培养

（1）缺乏健康人格成长的家庭环境

大学生作为独生子女，在家中没有兄弟姐妹做伴，甚至周围也没有稳定的玩伴，极其不利于健康人格的养成。家庭中如果有很多孩子，孩子们能够在生活中学会尊老爱幼、关心兄弟姐妹，能够养成宽容、礼让的品质，学会与兄弟姐妹和睦相处，甚至懂得良性竞争。大学生在呵护和温室中长大，吃穿不愁，玩乐不愁，要求所有人都围着自己转。在这种成长环境下，大学生心中只有自己，很难对家庭、对父母、对国家负起责任，一旦要求得不到满足，就会做出极端的事情，更有甚者，一遇到挫折就心灰意懒，无法面对，很多家长根本没有意识到这是孩子的人格问题，还是一味强调学习成绩或者投入关爱，却忽视了培养孩子健康人格。

由于竞争的激烈，家长忙于工作，为家庭创造物质生活，在对子女的教育上没有投入更多的时间和精力，对孩子进行教育和思想交流的时间少之又少，更有的把孩子送到寄宿制学校，由学校承担起家庭教育的责任，使得孩子没有向大人学习和交流、得到大人教育的机会。这种缺乏情感对话的家庭教育不利于对孩子道德品质的培养，这种家庭教育环境下孩子心理抗压能力差、对家庭的感情淡漠，容易诱发孩子严重的心理问题。综上，当代大学生在社会化过程中频繁出现的严重心理缺陷与家庭结构、家庭教育理念、家长教育方法等因素密切相关。

（2）家长忽视健全人格养成

著名心理学家马斯洛提出的需要层次理论把人的需要分成生理需要、安全需要、社交需要、尊重需要和自我实现需要五个层次。据此理论，当人的基本生存需要得到满足后，就会争取得到他人、社会的尊重，做到自我价值的实现。从这个理论来看，我国的部分家长对孩子的培养主要集中在生理和安全需要，关注的是基本物质层面孩子需求的满足。诚然，家长给孩子在生理和安全方面提供的物质条件很富足，但就一个人的全面成长来看，更需要得到社会认可和他人尊重。一个人只有做到个人行为得到社会认同并承担一定的社会责任才能得到他人尊重，实现社会价值，然而，我国部分家庭的教育仅停留在满足孩子生存需要层面上，没有上升到精神需要的层面，导致当代某些大学生道德水准滑坡。

（三）家长教育作用缺失

1. 修身不利

著名教育家克鲁普斯卡娅说过："父母是天然的教师，他们对孩子的影响最大。"家长是子女的启蒙老师，子女会通过接触、观察来模仿家长，家长的言行对子女有着潜移默化的作用，加上子女在生活上和心理上对父母具有依赖性，这样他们在成长和学习中就会把家长的言行作为自己评判是非的标准。责任最开始是在家中学到的，家庭里的环境永远比学校和社会更贴近我们的生活，也对我们的思想有更大的影响。如果家长家庭责任意识较强，孝敬老人，关心自己的兄弟姐妹，积极处理家庭矛盾，努力维护家庭和睦，尽职尽责做好角色，遵守家庭伦理道德规范，遵守社会公德，积极参加公益活动等，那么孩子也会得到教育。父母在自己的行为中努力诠释家庭责任，实际上就是示范教育孩子承担家庭责任，同时展示了一个成年人怎样履行社会责任，孩子得到的是正面的教育。若家长缺乏民主、独断专行、唯利是图、不负责任、缺少信仰等，在这种环境下长大的孩子很难会对别人负责任。

2. 方法不当

当代许多教育学、心理学研究表明：家庭中以父母为主导的亲子角色相互作用，对青少年儿童各方面发展都具有深远的影响。家庭是人格形成的摇篮，孩子是家长的影子，不仅是中小学生的品德发展受到家长、家庭的影响，大学生的价值取向在很大程度上也受到家长影响。家长主导的亲子关系决定父母对孩子的教育方式，主要有专制型、放任型、民主型、保护性和混合型等。专制型的家庭是父母保持绝对威严，凡事必须父母正确，不允许孩子发表意见，甚至采取粗暴的方式管理子女，孩子缺乏家庭的温暖和家长的关爱，容易导致孩子对家人和家庭冷漠。民主型的家庭是较为理想的类型，父母在家庭中与孩子身份平等，孩子可以参与个人和家庭事务决策。这种家庭教育宽严适度，尊重孩子的选择，孩子对家庭有一种归属感。保护型的家庭是现在多数家庭的现状。保护型的家庭尽一切能力为孩子提供条件，甚至是牺牲父母的利益和生活，是父母对孩子无私奉献的"单边行动"，父母无限制地包办了孩子的所有事情，孩子缺乏责任感和体验。放任型的家庭中很多家长由于工作忙，对孩子很少关心和沟通，对孩子的表现和作为不管不问，也不评价，孩子或是长辈带大，或是送到寄宿学校，这不利于父母与孩子之间的情感沟通，容易导致亲子关系不和谐，孩子容易出现孤僻、冷漠的心理问题。父母用提供金钱和物质的方式与孩子保持交流和联系，容易让孩子产生金钱至上的观点，不利于孩子成长和价值观的形成。

3. 单亲和留守家庭家长缺位

对于社会责任感的培育问题，还有单亲和留守学生家庭等数量较多的特殊群体需要讨论一下。

（1）留守家庭的社会责任感培育不足

随着经济和交通条件的发展，出现了大批为了工作和生存长期离开家庭的父母，有的是农村务工人员，有的是在异地工作，有的因工作性质长期不在家，造成了留守儿童越来越多，这些儿童长期得不到父母的关爱和教育，一般由家中长辈老人照料，一年只能与父母见面一次，一次只有几天，处于家庭教育严重缺失的状态，长辈生活上的关心无法代替父母角色的缺位，而且长辈一般文化程度低，加之对孩子停留在吃饱穿暖就行的底线，孩子会产生心理、安全方面的问题，影响他们的学习和行为，使他们对社会冷漠，甚至敌视家人、对社会缺少感情，自然就没有社会责任感了。

（2）离婚单亲家庭的社会责任感培育空位

近年来，我国离婚率逐渐增高，非官方统计，已经实际离婚的家庭在30%左右，还有一定数量的家庭处于"打离婚""闹离婚"边缘。离婚及处于离婚边缘的家庭一般都不幸福，对孩子成长的身心影响很大，孩子缺乏安全感，也缺乏父母之间天然和谐交流的差异教育。孩子容易有恐惧不安的情绪，变得孤僻、冷漠，远离他人，甚至仇恨、恐惧社会。

（3）大学生家庭的影响力减弱

很多家长认为孩子高考是他们完成孩子培养任务的终点，孩子上大学了意味着家长完成了教育责任，剩余的任务交给高校，于是只关注学生物质层面的需求，对学生心理、责任等方面不管也不关注，导致家庭对大学生社会责任感培育出现真空。大学生进入大学学习后一般远离了家庭，学生迎来了一直希望得到的自由，与父母接触很少，遇事自己做主，与父母沟通变少，致使家庭教育与学生成长处于半脱节状态。

三、学校教育问题明显，德育评价机制有待完善

学校是大学生社会责任感培育的主阵地，承担培育的主要责任和压力。教育体制的弊端、高校教育自身、教育者、校园文化环境、评价机制等问题对社会责任感培育的效果有着重要影响，也是需要重点解决的问题。

（一）教育体制的弊端

1.社会责任感培育缺乏连续性

学校是专门以传播知识或技能来培养人才的教育机构。道德教育包括社会责任感形成是一个长期、循序、系统的过程，由此，大学生社会责任感缺失是整个教育体系的问题，不能简单地归结为大学教育的不利。教育体系中缺乏思想政治教育的整体思考和设计，没有教育的连续性是出现问题的主因。教育部门虽然对小学、初中、高中和大学的德育课程有一定的设计和要求，但缺乏整体性、连贯性的思考，各阶段相对独立，互相不能很好地照应和衔接。在考核方面，除课堂及考试分数外，缺乏必要的培养规划，没有实际、有效的考核办法。

美国著名教育学家杜威曾在著作《经验与教育》中提出把教育连续性作为最重要的原则之一，各教育阶段应该整体地体现教育观念和教育制度，要有整体性和连续性。教育的连续性体现了青少年身心发展的连续过程，符合道德培养的规律，但从现实来看，各阶段教育机构执行教育要求和学生学习程度，都没有很好地体现衔接，致使大学招收的学生本身存在大学前教育时期道德培养不足的问题。

2. 缺少多方培育合力

社会责任感培育涉及学校、家庭、学生和社会等方面，这些方面都从不同角度对社会责任感成效发挥着作用。从现实的情况来看，学校、家庭、学生和社会等方面处于一种割裂、相互缺乏配合的状态，没有形成教育合力。学校教育中的小学、初中、高中和大学各阶段也处于分割教育，相互缺乏连贯性。学校教育和校外教育之间缺少沟通，学校教育处于教育主管部门的领导下，按照上级的教育设计、文件完成对学生的教育任务，借助家长、社会等校外方面教育不够。同时，家庭、社会也不太关心学校教育的活动，甚至家长和社会往往把大学教育当成购买的一种商品，学校的一切只是购买这种商品或消费应享有的服务，一味地把对学生的社会责任感培育推卸给学校，忽视自己的教育责任，校内和校外教育处于一种极其缺乏沟通的状态，没有建立普遍的学校与家庭、社会的沟通合作体制，缺少互相沟通、相互配合、协作统一的教育合力。

（二）高校教育存在的问题

1. 存在重知识、轻人文的问题

高等学校受市场经济和社会风气的影响，在大学生的培养中重视硬件设施建设和知识传授，轻视人文素养和道德培养成为一种普遍现象。我国当代著名教育家夏丏尊曾指出："学校教育到了现在，真空虚极了。单从外形的制度上、方法上，走马灯似的更变迎合，而于教育的生命的某物，从未闻有人培养顾及。"学校教育随着社会形势的发展不断变革，因此出现了为了实现经济价值，功利化倾向严重，缺少对教育本源的一种追求，即缺少情和爱的教育，这使得学校被经济操纵，物质化情况严重，对人文教育和道德教育缺乏应有的重视。人文教育的实质在于，它在关注获取知识的同时，又要求对知识的整体和人类的重大问题进行思考。其作用在于使学生面对重大问题时能有所思考和探究。人文教育的缺失，使大学生失去了了解其他时空人类文化和精神的机会，他们的奋斗目标只是自我发展和实现，而对社会上的其他事漠不关心，从而出现了以下

三种情况：

一是重物质，轻精神。某些学校的教育和环境过于重视教学楼、宿舍、绿化、设备等物质层面的建设，投入了很多的资金，建设了漂亮甚至奢侈的教学楼，增添了豪华的设备和装修，忽视了对学生精神层面的教育和引领。

二是重现代，轻传统。个别高校的教育过多强调了现代知识、技术的讲解和传授，出现了不提传统文化甚至全盘否定传统文化的现象，使得这些高校中充斥了现代的技术和理论，而没有对传统文化精华的一种宣扬和教育，不同程度上出现缺少传统文化教育课程、人文素养教育处于原发阶段、道德评价不够明确、师资急剧缺乏等情况，使得传统文化对学生道德的熏陶作用得不到发挥。

三是重娱乐，轻文化。高校重视学生身心的娱乐等浅层次的精神活动，缺乏文化内涵教育，使得对学生的教育内涵不深，有娱乐化、肤浅化的倾向。人文素养教育是道德教育的重要载体，它的缺失使高校失去了道德教育的有效载体。

2. 存在重形式、轻实效的问题

高校教育中道德教育和思想教育的形式过强，缺乏体系性的思考，很多高校道德教育是虚的，没有较高的地位。

（1）社会责任感培育重视不足

高校一般以思想政治理论课作为学生社会责任感培育的主渠道，培育社会责任感多是通过课程方式进行，课程是单独系列，与其他的教育形式和环节是脱离的。教师们在授课时虽然也注重社会责任感教育的内容，但是由于授课的形式、内容等问题，效果并不是很好。特别是学生上课是为了学习知识或者是为了拿到学分，获得毕业证，对政治理论课的重视和认真程度不够。加之学校对思想政治理论课的投入和重视不足，导致高校的社会责任感培育效果不尽如人意。

（2）社会责任感培育缺乏系统性

虽然在各个阶段都有政治理论课对学生进行社会责任感培育，但是培育存在缺乏统一规划、缺少从低到高的层次递进、缺少统一目标等问题，使道德教育处于一种"说起来很重要，做起来不重要"的地位。尤其是小学、初中、高中阶段对道德教育的不重视，使得大学生的道德教育是缺乏的，加之高校对道德教育的不重视和方法的缺失，社会责任感培育成为一个薄弱环节。

（3）社会责任感培育存在理想化

课堂上所讲的爱祖国、爱人民、爱社会主义等爱国主义教育、集体主义教育，一定程度上缺失了对大学生自身实际需求的关注，导致个人需求与社会需求错位，难以激发大学生的社会责任感，进而不能产生实践动力。从现实的角度看，缺乏对学生自身实现和社会现实考虑的教育，是一种揠苗助长的理想教育，脱离了大学生的生活实际。理想化的社会责任感培育存在着忽视大学生独立人格和个性发展等问题，只重视群体动员和教育，采取照本宣科的灌输讲授，忽视学生个体的差异，教育效果和时效性不强。

（4）社会责任感培育过于政治化

学校的育人以政治目标和理想作为目标，在开展社会责任感培育时忽略现实环境和学生自身成长需求，强调以政治主流价值要求为标准，要求学生承担爱人民、爱祖国、爱社会主义等国家和政治重任，造成了学生在政治化的要求下社会责任感处于理想化的较高状态，与学生本身和社会现状产生一定的脱节。目前，部分高校忽视学生个性发展，采用社会标准评价学生的德育活动和德育状况，将真实的自我排除在外。古人云"修身、齐家、治国、平天下"，大学生在擎起治国和平天下的社会责任时，必须先关注修身和齐家的情况。学校社会责任感培育与现实存在着方向性和顺序性的差异，应当予以兼顾。有些学校仅从对上级部门负责的角度，强调学生对他人和社会负责，没有考虑学生个体对承担责任的自由选择，忽视了学生对自我的负责，难以得到学生的积极响应。

3. 存在重视理论说教，缺少教学实践的问题

杜威曾指出："直接的道德教学只能帮助学生形成'关于道德的观念'，不能形成'道德观念'。"这一观点与大学生社会责任感的培育观念契合，即直接的德育教学只能让学生了解与道德有关的知识和观念，但很难让学生内化为道德准则，更难转化为恰当的道德行为。道德教育只有坚持知行合一原则才能取得较好效果，即要求理论知识与社会实践紧密结合。雅斯贝尔斯曾把知识分为现行知识和原初知识两个类型。现行知识是可以通过简单直接的方式传授给学生的知识，如水是可以喝的、鱼是可以吃的等。原初知识具有真理性，是无法直接用语言和文字完全表达出来的知识。实践是检验真理的标准，学生学习原初知识不能缺少实践。社会责任感属于原初真理性知识，涉及理论知识、意志、动机、情感、行为等多种因素，仅仅依靠课堂的理论教学不能实现培育目标，只有通过道德实践与道德理论的结合才能取得教育者想要的培育效果。

（1）重视理论教学

高校的社会责任感培育普遍存在重视理论教学、道德宣讲，轻视甚至没有社会实践的现象。大学生社会责任感教育一般是通过课堂教学的形式进行的，

课堂上传授的是知识性的社会责任感概念，缺少与现实的联系，更缺少实践环节，社会责任感教育成为一种与其他教育分离的理论化知识教育，学生是被动地接受，缺乏主动参与，一旦遇到社会上的不良现象，表面理性认识就会受到严峻的挑战。

（2）缺乏对学生主体的关注

高校社会责任感培育缺乏对学生主体的关注，一般强调学生做到爱集体、爱人民、爱祖国、奉献社会、关心他人、保护自然环境、遵守公共道德等，极少从学生的角度出发，倡导学生关心自己、维护权益。大学生践行积极性不高导致出现社会责任感弱化的情况。

（3）社会责任感培育与实践脱离严重

这一现象主要表现在课程和实践脱节、学生和社会脱节等两个方面。课程与实践脱节是指大学生社会责任感的课程设置与实践之间缺乏联系，理论知识缺乏实践的有力支持，学生很难将其转化为实际行动。学生和社会脱节是学校没有起到带领和组织学生走入社会进行实践的作用，学生缺乏对社会的了解和认知，这对学生社会责任感的形成是十分不利的。

高校对实践教学不能很好地组织也是基于以下几个原因：一是教育主管部门在培养方案和教学计划中没有明确的要求和指示。二是高校缺乏组织实践教学的积极性。首先，高校以学生就业率作为导向，注重学生知识的传授和技能的训练。其次，高校没有固定的实践教学机制。再次，高校教师注重科研产出，对费时、费力组织学生参与实践教学兴趣不大。最后，实践活动内容丰富，需要教师突破传统，及时调整课程内容，加之实践涉及经费和安全责任问题，对学校管理和教师都是一个严峻的考验。

4. 存在教学方法单一，培育效果不理想的问题

大学生社会责任感培育过程中，高校存在着教育教学方法简单、刻板的现象。一些高校存在错把手段当目的的倾向，认为把书本上的道德准则、行为规范宣讲给学生听，并按照所谓的德育考核标准，以量化手段去考评学生的德行，便实现了德育目标。这种片面强调可操作性的做法，大大降低了大学生德育的质量层次。

（三）教育工作者自身存在不足

高校教师承担着为社会建设培养各类专门人才的职责任务。大学生是人才的重要组成部分，教师对大学生的成才和人生发展有着重要的作用。高校大多数教师能自觉遵守党的教育方针，恪守职业道德，认真履行岗位职责，为人师表，乐于奉献，为大学生成长成才做出了巨大贡献，赢得很高的社会声誉。然而，高校教师队伍中也存在着一些不利于大学生社会责任感培育的问题，主要表现为以下几个方面。

1. 价值取向多元

受经济全球化、市场经济深入发展、思想和价值多元等的影响，高校教师群体中价值观也呈现出多元化倾向，无私奉献、爱岗敬业和重视个人利益索取并存，特别是一小部分高校教师中出现了拜金主义、享乐主义和极端利己主义，这些导致少部分教师缺乏社会责任感，不安于教师岗位，师德意识淡薄，影响了社会责任感的教学工作。

2. 育人不足

一小部分高校教师存在着只教书，不育人的现象。专业教师、管理和服务者专注于自己的研究领域和本职工作，使得责任感教育渠道单一，在很多教育环节上忽略了学生的责任感教育。这部分教师认为自己的任务是教学和科研，只要把书本的知识传授给学生，只要研究出新的科研成果，就圆满地完成了自身所有任务，而忽视了学生的思想政治教育任务，教学等工作中没有体现德育的内容，把个人置身于整个德育系统之外，使得学生道德教育缺少了一块重要的阵地。

3. 师表意识不强

为人师表是指教师应该成为学生的表率。教育工作者的全部工作就是为人师表。教师的一言一行、一举一动都是学生的典范和榜样，特别在道德行为上对学生具有引领和示范作用，甚至影响学生的人生。现在，部分教育工作者由于社会责任感弱化导致出现了一些行为不当的情况。

第一，部分教师缺乏对学生的爱心。他们缺乏对学生的关心和爱护，不能从学生的需要出发，不愿积极与学生沟通，对学生需求关心不够，没有真正走入学生内心和生活，甚至把社会上一些不良习气传递给学生。

第二，部分教师缺乏社会责任感。他们对自身本职工作敷衍了事，对上课、备课、批改作业和辅导学生课业等态度消极，甚至把精力放在自己的校外第二职业上，出现上课时缺少激情、不注重教学质量等情况，缺乏正能量的传递，功利思想较重，重视个人收获，轻视社会需求，使学生产生重视个人实际、轻视社会责任感的情况。

第三，部分教师科研态度不认真。少部分高校教师为了研究出更多的科研成果，功利化倾向严重，出现论文抄袭、项目造假、剽窃成果、伪造数据等学术失范和不诚信现象，这些现象对学生产生了不良的示范作用。

第四，部分教师教学理念简单。少部分教师采取强制的方式让学生服从其权威，主宰教学中的一切，造成学生社会责任感认知和选择等能力的下降，久而久之使学生默认了教师的培养理念，听从教师的安排，但卢梭指出："责任不是教给孩子们以行动的准绳，他的责任是促使他们去发现这些准绳。"

因此，高校教师要与学生建立和谐、民主和平等的师生关系，让学生积极主动地接受社会责任感培育。

4. 协调配合不强

管理者、专业课老师、辅导员以及思想政治理论课教师等高校教师是大学生社会责任感培育的主体，他们各有职责，但相互间缺少交流与配合，未形成教育合力。专业课教师在课堂、考试、辅导等环节对学生进行社会责任感培育；管理者用硬性管理思维，以刚性的制度来对学生进行社会责任感培育；辅导员在学生的管理中通过宣讲、管理、活动等对学生进行社会责任感培育；思想政治理论课教师通过思想道德修养课、形势政策课等课程传播主旋律道德，是学生社会责任感培育的主渠道。这四个主体中高校辅导员和思想政治理论课教师是主力。由于大学生思想政治教育课的时间与次数限制，思想政治教育课教师与学生接触的时间比较少。而与大学生接触和联系较多的是高校辅导员，但由于结构复杂、专业程度不高等问题，使得辅导员的培育效果一般。四个主体教育者之间缺乏学校整体的统筹，相互之间没有配合，很难形成教育合力，使得学生社会责任感培育效果不好。

第四章　大学生社会责任感培育机制

社会责任感是责任主体主动把外在的行为规范内化为自身的道德需求，寻求的内心的满足感。因此，培育大学生社会责任感是一个内外结合的过程，既需要外在的社会规范和社会指导，也需要个体内部的生成与发展。所以，培育大学生社会责任感，既需要外在的培育机制，也需要内在的责任感生成机制。

第一节　大学生社会责任感内在生成机制

大学生社会责任感个体内在生成机制有个体的心理机制、动力机制、能力机制。心理机制是个体通过对社会责任产生认知，在责任认知基础上产生责任情感，形成责任心理认同。动力机制是个体产生道德需要，期望实现自我，从而表现出亲社会行为，外在的亲社会行为进一步推动了社会责任感的形成。能力机制是指大学生的生理和心理发展能力，对责任冲突的辨别能力，责任意志能力和责任行为能力。

一、大学生社会责任感心理机制

（一）社会责任认知是诱导力量

大学生社会责任感的心理机制的首要力量是大学生社会责任认知。责任认知是指个体对自己所承担的责任的认识和了解，即个体能正确了解责任的内容，准确掌握责任的意义，以及能正确感知、判断、评价责任行为的能力。诱导力量主要表现为责任认知内容的诱导。责任认知是责任感的基础和前提，只有了解了什么是责任感、什么是负责任的行为，才能从责任认知中诱导出责任行为。只有认识到了责任的不可推卸性，从日常生活中感知到了责任的力量，从人与人的交往中认知到了责任的作用，人们才会渐渐有责任意识，慢慢形成责任感，然后从日常认知中强化责任感，形成责任心理。

责任认知包括许多内容：第一，感知责任的存在。人们在家庭生活中感受家庭责任，在与朋友的相处中感受对他人的责任，在社会交往中感受社会责任。第二，正确感知和判断责任情景。社会生活复杂多变，人们要承担多样的责任，有了责任认知就能从复杂的生活情境中感知责任。因此，责任认知是责任感的诱导因素。

（二）社会责任情感是推动力量

社会责任情感是大学生社会责任感形成的推动力量。责任认知促进了责任心理机制的产生，责任情感伴随责任心理机制的产生而出现，不断推进责任心理的完善和发展。责任情感是人们基于对责任的认知，对责任感和责任行为的向往之情，或对现实的责任关系和责任行为所产生的一种喜爱或者憎恶之情。

责任情感能够推动大学生不断反思责任行为，分析责任情景，把消极的责任情感转为积极的责任情感，规避不负责行为产生的后果。大学生积极的责任情感，有助于责任认知的形成和责任行为的产生，在大学生责任心理形成过程中占据重要地位。

（三）社会责任心理认同是重要环节

随着年龄的增长，大学生身体和心理逐渐成熟，他们的社会化程度不断加深，能够逐步意识到社会责任的重要性，从而主动为他人、为社会、为国家做出贡献。但是，由于受到内外一系列因素的影响，部分大学生缺乏对社会责任的认同，因此，高校教育者要引导大学生产生责任认同。大学生要产生社会责任认同，首先要明白个人与社会的关系。人是社会性动物，是一切社会关系的总和，个人不能脱离社会而单独存在，只有社会发展了，个人的前途和命运才会得到保障，个人才能在社会发展中得到自我完善，因此，每个人要对社会负责，要对社会有所贡献。那种只关注个人利益，忽视甚至损害社会利益的做法是错误的。只有明白了这一点，大学生才会对社会责任产生心理认同。

大学生产生社会责任心理认同，还要把消极的责任情感转化为积极的责任情感。责任认知和责任情感是一种连续性的反应，责任情感总是伴随着责任认知产生。大学生在正确认识了个人与社会的关系、个人利益与社会利益的关系之后，要追求积极的责任情感，当个人利益与社会利益发生矛盾时，应勇于牺牲小我，成就大我，以社会利益为主，把承担社会责任当作应尽之事。

二、大学生社会责任感动力机制

（一）道德需要是内在思想推动力

社会责任是自己对他人与社会应承担的职责，规定了义务和未履行责任应受的惩罚，具有明显的利他倾向，因此社会责任感要在个人道德需要和自我实现的渴望的基础上产生。道德需要是指主体基于对道德所具有的满足自我与社会的价值的认识和把握，所产生的自觉遵守一定的道德原则和规范的心理倾向。它是人的一种求善的需要和情感，是道德责任实现的内在心理驱动力。一个人的道德需要越强烈，其接受的道德目标就越高，就越能主动自觉地履行道德责任，其道德行为的价值就会越大，其个人的品格就越高尚和值得崇尚。社会责任感是积极的道德情感，道德需要包含社会责任感。

道德需要产生的过程就是道德行为实现的过程。道德需要在道德行为中不同层次地产生并逐步得到满足，然后向更高层次迈进。随着个人的成长，大学生由最初的对生理的需要，逐步过渡到对安全的需要、对归属与爱的需要、对尊重的需要以及对自我实现的需要。进入校园后，在与他人交往的过程中，他们学会了爱与被爱、尊重他人与被他人尊重，慢慢地渴望表现自己，在集体中实现自身的价值。大学生在追求自我价值的过程中，逐步学会了爱与奉献、责任与义务。道德需要促使他们调整责任情感，积极地追求正向的责任情感，表现责任行为，形成社会责任感。

（二）利他行为是外在推动力

要想更好地履行责任，人们不应该只是恪守道德规则，遵守道德规范，还应该把外在的道德规范内化，从社会意识向自我意识转化，自觉主动地遵守规范，履行责任，由内而外地自然地产生责任行为。人们在道德内化的过程中，不断产生和调整责任行为，对身边的人和事负责，出现了利他行为和亲社会行为。这些行为符合人们的期待，也符合道德责任的要求，还符合社会发展的要求。随着道德内化的不断深入，人们的利他行为不断增多，积极的责任情感加深，责任感不断得到加强。

当代大学生知识丰富，文化水平高，学习能力和道德内化能力较强，利他行为能很好地检验他们道德能力的高低，也是他们社会化的重要环节。慢慢接触社会后，大学生真正懂得个人与社会的联系，明白个人只有在社会进步中才能得到发展。社会的发展要求大学生自身提升道德能力，为社会和国家做出贡献。随着认知的不断加深，大学生做出了责任行为，对他人负责，承担社会责任，

由此产生了许多利他行为，渐渐获得了积极的责任情感，积极的情感促使大学生进一步帮助他人，产生利他行为，不断强化自己的社会责任感。

（三）自由意志是重要保证

个人想要生活得有意义、有价值，就需要提高自己的道德水平，完善自己的道德行为，对社会和他人承担责任，做出贡献。个人要想在社会中承担责任，就必须在履行职责中享有自由。责任的存在基于如下三个条件：行为者必须出于自己的意志，也就是说行为者的意志是自由的，而不是强制和被迫的结果；行为者具有自觉意识；行为者具有必要的选择能力。当个人具有行为选择中的意志自由时，自己就意识到自己的选择是自由的，从而意识到自己要对自己的行为和行为结果承担责任。大学生拥有自由意志，可以自由选择自己的行为，因此，他们会积极履行自己的职责和使命，对自己的选择积极承担责任。

自由意志与责任是辩证统一的关系，人们不能为了追求自由意志而忽视责任，责任不是对自由的限制，责任的存在又不仅仅是意志自由的负担和限制，对责任的承担还能扩大人的意志自由的范围，促进人的意志自由的全面实现。大学生在意志自由与责任的辩证关系中可以体悟到社会责任对个体生存和发展的意义，对个人自由意志完善的意义，这有利于个人将社会道德规范内化为个人意识，变成自我道德追求，责任不再是一种负担。大学生会自觉自愿地承担责任，抵制社会生活中的诱惑，坚定个人信念，积极履行责任。

三、大学生社会责任感能力机制

（一）个体身心和自我意识的发展

大学生身心发展和自我意识的完善，是形成社会责任感的重要支持。只有完善了身心和自我意识，个人才能在此基础上加强责任认知，正视责任情感，产生心理认同，逐步形成社会责任感。

个体身体和心理的发展有利于大学生社会责任感的形成。随着年龄的增长，大学生的身体日益强壮，心理日益成熟，只有拥有强健的体魄和成熟的心理，个人才有能力承担社会责任。个体身心发展状况决定了社会责任承担的多少，如果承担的责任内容超出了个体的能力和范围，将不利于个体的成长和责任的履行。比如小学生的身心发展状况就决定了他们只能从身边的小事做起，做好身边事就是承担社会责任，为祖国做贡献。到了大学阶段，大学生身心得到发展，除了要做好小事、身边事之外，还要积极融入社会，建设祖国，为祖国的发展添砖加瓦。随着个体身心的不断发展，个人与他人的联系日益紧密，人们逐步认识到不同层次的社会责任，履行的责任由少到多、由基础层面到高级层面，个体承担社会责任的能力也不断提高。

自我意识的发展也有利于大学生社会责任感的形成。自我意识是指人能正确认识自身与社会的关系、与周围事物的关系。人的自我意识发展了，就能正确认识自己与他人、与社会的关系，理解自身的发展离不开社会的进步，只有社会进步了，自身才能得到真正意义上的发展。社会的发展需要社会的每一位成员做出自己的贡献，积极履行责任。个人想要获得发展，就要融入社会，就要承担对他人和社会的责任。自我意识的完善有利于大学生形成正确的责任认知，培养积极的责任情感，明白责任的含义与重要性，以更加积极的姿态投入社会责任的履行中。

（二）社会责任感的辨别能力

社会的发展和进步，为人类的物质生活水平提升做出了重要贡献，但是也带来了一些负面的影响。市场利益主体和价值观念多元化，给大学生的道德观念造成了影响。现实生活中人们不是担当一种社会角色，而是担当多重社会角色。在不同的利益集体中，每个人所肩负的责任在性质及大小方面存在很大不同，在对不同责任的渴望和期盼中，责任的冲突问题就出现了。道德冲突是不同的道德价值观、社会行为规范和不同道德理论体系之间的相互碰撞。

在价值体系和社会行为规范的冲突中，大学生需要提升社会责任感的辨别能力，在道德的冲突中去检验已有的行为是否符合他人与国家发展的需要，行为的结果是否符合正向的情感体验。只要提升了社会责任感的辨别能力，大学生就能积极稳固自己的价值体系，坚定自己的理想信念，抛除杂念，抵制功利主义和享乐主义的干扰，形成正确的世界观、人生观、价值观，做一个对国家的发展有所贡献的人。

提升责任冲突中的辨别能力具有积极意义。只要责任冲突中的辨别能力提高了，大学生就能进一步强化自己积极的责任情感，就能够检验自己的责任认知是否正确，就能够判断自己是否具有责任行为能力，从而看自身的行为是否符合社会和国家的利益。同时，人在道德冲突和选择中，能进一步提高自身认识事物的能力，更加深刻认识责任感，在选择中提升自己。面对纷繁复杂的社会，大学生应提升面对冲突的辨别能力，使自己的责任能力紧跟时代的步伐，履行责任，努力为他人做贡献。

（三）社会责任意志能力

责任意志是指责任主体为实现责任行为而积极主动地做出不惧困难的努力和承担，包括毅力和自控力。社会责任意志在社会责任感形成过程中占有重要地位，要想培育大学生的社会责任感，必须先培养大学生的社会责任意志能力，它能保证责任行为的顺利实施。只有具有一定的责任认知，大学生在实践过程中才能逐步产生责任情感，但是这些责任情感既有积极的责任情感，也有消极的责任情感，在复杂而又多变的社会生活中，责任情感在积极与消极、肯定与否定中转变，此时需要大学生具备责任意志能力，用责任意志来调节。

责任意志能够促使人们的责任情感向积极方向转变，保证责任行为顺利完成。一方面，如果没有坚强的责任意志，大学生在履行责任的过程中，遇到困难就会退缩，遇到困惑就会迷茫，履行责任的信心与勇气也会逐渐消失。特别是在现实生活中，如果没有坚强的责任意志，人们就会随波逐流，找借口不承担责任，甚至做出危害社会的行为。另一方面，只有具备了坚强的责任意志，大学生才会在遇到困难时勇往直前，排除万难完成任务，才会在众人皆醉的社会中保持独醒。

（四）社会责任行为能力

大学生只有具备社会责任感，才能肩负历史所赋予他们的重担。大学生拥有社会责任感不只是外在的道德要求，也是内心的使命，还是自身的道德需要。大学生要努力促进道德要求向内心道德需要转化，从要求的行为转化成自觉的行为。要判断这种转化是否成功，大学生是否具有责任感，最好的检验方式就是看是否表现出社会责任行为。

责任行为是指个体承担责任和履行义务所表现出的行为方式，这种行为方式常规化、固定化后则变成行为习惯。责任行为是履行责任的表现和反应，是责任感形成的重要的能力因素。首先，责任行为可以检验大学生的责任感的强烈程度。对大学生责任行为的考察可以看出大学生社会责任能力的具体情况。看这些行为是短期的还是长期的，是偶尔的还是经常的，是利己的还是利他的，是积极主动承担还是推诿的，从而可以看出大学生是否具备责任能力，也可以看出责任要求是否已内化为内心需求。其次，责任行为可以巩固和提升大学生的社会责任感。想要巩固和强化大学生的责任感，就要坚持责任行为的长期性，偶尔为之的责任行为不能完善责任感。最后，社会责任感可进一步促进和改善责任行为。大学生只有具备了社会责任感，才会在行为过程中加深对责任的理解，进一步完善自己的责任行为，坚定自己的责任意志，更好地承担责任，履行责任。

第二节　大学生社会责任感外在培育机制

培育大学生的社会责任感，不仅需要注重社会责任感的内在生成机制，加强对大学生个体内在思想的引导，还要加强外在的责任教育，形成外在的培育机制。

在外在的培育机制中，培育大学生的社会责任感，需要个人、家庭、学校、社会共同努力，互相配合，形成合力。在这些培育主体中，学校作为实施教育活动的专门机构，对大学生社会责任感的培育起着尤为重要的作用。然而，如前所述，当今部分高校在大学生社会责任感培育过程中存在理念片面、目标不明确、内容缺乏针对性、方式单一、培育缺乏合力等问题。针对这些问题，学校应积极行动起来，采取有效的措施，形成一套行之有效的培育机制。

一、更新培育理念，搭建理念引领机制

个体责任感的内在生成机制对社会责任感的外在培育有重要的导向作用，因此，责任感的培育理念要符合大学生责任感内在生成机制。责任感内在生成机制关注了学生个体内在心理的发展，内在机制的良好运行需要自我意识的发展和道德需要的满足和产生，所以，高校的培育理念要关注学生个体，学会以学生为本；回归生活，使学生在生活中提升自身内在的能力机制。

（一）以学生为本

以学生为本，就是要以学生的发展为本。在责任教育中，高校应把学生放在重要地位，关注学生个体的发展，尊重学生的主体性，坚持学生的主体地位。尊重学生的主体性，就是要学会尊重学生的选择，鼓励学生自由选择，只有坚持了学生的主体性，保证学生选择的自由，他们才会为自己的选择承担责任，积极承担选择的后果，从而为社会负责。

坚持以学生为本，尊重学生主体性，可以从以下方面入手。第一，学校应把学生当作学校的主人，使学生参与到学校的建设与发展中。领导把握学校发展的方向，起着引导作用，学校具体的建设和发展细节可以交给学生，在这个过程中，学生对学校的发展献出了自己的力量，因此在这个过程中可以慢慢地体会责任，逐步地认同责任。第二，学校应提供给学生多种表达自我的平台，聆听学生的心声，把学生当作一个有独立人格和自主选择能力的主体。学生民主参与学校建设与管理的过程会使学生产生利他精神和集体责任感，为了公共

利益，必要时会适当地牺牲个人利益。

坚持以学生为本，还要关注学生的身体和心理发展状况。学校对学生的教育引导要符合学生的身心发展状况，在相应的年纪进行相应内容的指导，不能跨阶段地教授不符合学生实际情况的内容。学校的教育活动要有阶段性地、分层次地、循序渐进地开展。学生的身心是从低层次向高层次发展的，道德能力是从低级向高级逐步过渡的，学生对责任的认识和对社会与个人关系的认识也是一个不断深化的过程。因此，学校应进行以学生为本的教育，关注学生的主体性，时刻关注学生的身心发展。

（二）法治教育和道德培育相结合

社会责任感应该建立在法治教育基础之上，把承担社会责任看作法律的基本要求。法律是道德的屏障，遵守法律规则本质上也是承担一种社会责任。学校应在道德领域提倡责任，在法律领域呼唤责任，用法治来保障道德培育。

第一，加强法治与道德教育的结合，培育理念不能割裂法治教育和道德培育。道德和法律是调节人们行为的两种手段，二者是相辅相成的，道德离不开法律，法律也离不开道德。培育大学生责任感，不能只从道德层面进行培育，还应该结合法律。如果只从道德层面培育学生的责任感，只是依靠风俗习惯、社会舆论约束人们的行为，责任培育不能取得良好的效果。培育责任感需要学校从道德层面引导、感化学生，使之把责任知识内化为责任感。培育责任也需要法律规范的强制制约，法律规范教育和道德规范教育的协同实施是学校责任教育更好进行的有效途径。新加坡的培育就坚持了道德教育和法治教育相结合。新加坡的社会法治化保障了公民道德建设，立法完备，大到安邦治国，小到公民的衣食住行都有相应的法律规定，公民养成了遵纪守法的好习惯，全民的讲法、遵法的氛围保障了道德建设的顺利进行。

第二，加强法治与道德教育相结合，还应提高学生的法律素质。只有提高了学生的法律素质，把学生的行为纳入法律规则中，学生才会把法律当作理所应当的准则，这样可以用法治意识带动道德责任意识。提高学生的法律素质，学校要关注法律教育，要做到：培育学生的法治意识，使学生积极懂法、守法、遵法、用法；培育学生积极守法的精神，使学生积极维护自身的权利，履行自身的义务；使学生明白法律的特殊地位，懂得法律神圣不可侵犯，任何个人都不能凌驾于法律之上。有部分大学生不了解法律规范，没有体会到法律精神，遇到事情就诉诸武力，轻易地践踏法律的尊严。部分学生不懂法、不守法，这导致他们随意践踏法律底线，对社会造成严重危害。

综上，坚持法治教育和道德培育相结合培养的大学生社会责任感，才是完全意义上的责任感，是时代真正需要的责任感。

（三）回归生活的培育理念

培育大学生的责任感，要坚持回归生活的培育理念。对学生进行责任感教育的目的是让学生很好地适应生活，为生活服务，道德教育理应回归生活。对学生进行责任感培育，要回归学生的现实生活，学校培育的内容不能脱离学生的生活实际。在课堂上，老师要学会回归生活，所讲的内容不能脱离实际生活，不能一味地美化我们的生活，逃避或者掩盖社会的阴暗面。如果这样，学生离开学校进入社会，将会受到很大的价值冲击，原先的价值观念和原则不符合社会的实际情况，这不利于学生的健康成长。

学生的责任感最终要落实到责任行为上，学校要引导学生做出负责任的行为，使社会责任感培育回归社会生活实践。只有回归了生活，学生的责任行为才能在社会生活中得到检验。如果责任感培育不回到实践中，学生只掌握责任感的理论知识，最后就会处于"大事做不了，小事不想做"的状态。

二、转变培育目标，构建目标导向机制

培育目标具有重要的引导作用，只要有了目标的引领，责任感培育就不会偏离方向。因此，培育大学生的社会责任感，要建立目标导向机制，使责任培育的目标发挥应有的导向作用。构建目标导向机制，就是要树立正确的培育目标，使培育目标具有针对性、有效性。

（一）坚持系统性和层次性

培育大学生的社会责任感，要树立正确的培育目标，使培育目标具有系统性。系统性是指社会责任感的培育目标要系统、连贯。培育目标的系统性有以下具体表现：系统性首先表现为培育目标的连续性。学生在不同人生阶段的培育目标不同，但是不同阶段的目标要有连续性，不能割裂各个阶段的目标。系统性还表现为与社会主流价值观一致。社会责任感的培育目标要符合社会的主流价值观，要反映出社会的核心价值体系。系统性也表现为与其他教育活动的培育目标相符合，如法制教育、政治教育、文化教育等，这些教育活动的培育目标要形成统一的整体，共同提升学生的综合能力，各种教育活动的目标不能相互排斥。

如果没有系统性，责任培育就没有一个共同的奋斗点，各个培育的环节如

一盘散沙，不会形成合力。

培育目标有了系统性，还应该有层次性。层次性主要表现为学生不同的发展阶段有不同的培育目标，目标要循序渐进。学校的培育目标要具有层次性，应体现在：学生幼儿阶段，责任感的培育目标就是教会孩子自己的事情自己做，多做一些力所能及的事情。中小学阶段，让学生学会对家庭负责，在家里做一些力所能及的事，承担一部分家庭责任。到了大学阶段，学生应该对社会负责，对国家负责。学校的培育目标应该是循序渐进的，具有层次性，逐步地健全学生的道德人格，逐步地完善学生的责任品质，最后，使学生真正成为一个具有责任感的人。有些国家为高年级学生开设的顶点课程，该课程具有层次性和针对性，是为临近毕业的学生总结、评估和整合学生的大学学习成果而开设的，顶点课程的开设就是目标具有层次性的表现，符合学生年龄阶段的特征。

学校的培育目标应坚持系统性和层次性的统一，不能将二者分裂开来，只有二者有效地结合，责任感培育才能取得良好的效果。

（二）去功利化

学校教育的目标还应该去功利化，功利化的培育目标培养出的是一个人格不健全的人，是一个道德水平低下的人。这样的学生不会对社会和国家做出贡献，甚至会损害整个社会和集体的利益。

去功利化首先应做到既关心学生学习成绩和学术水平的提升，也关注学生道德人格的培养。学校应转变培育目标，不能只关注学生的学习成绩的提升和学术水平的提高，还应关注学生的内心道德需求，健全学生的道德人格。学校如果忽视学生的道德需求，不注意观测学生内心的变化，不及时对学生的心理进行疏导，就会培育出心理不健全的学生，这样的学生很难对社会有所贡献甚至会危害社会。

去功利化也表现为学校的评价标准去功利化。第一，评价的内容要科学。高校对学生的评价不能仅限于学术成果的评价。还应对学生的责任行为进行评价。对他人的责任行为、对社会的责任行为、对国家的责任行为等都应该纳入评价的内容体系。第二，评价的主体要多元化。学校对学生的评价不能局限于教师对学生的评价。教育者要丰富评价主体，构建学生自我评价、学生之间相互评价、思想政治理论课教师评价、专业课教师评价、辅导员评价的评价体系。第三，坚持培育过程和结果相统一，把发展性评价与终结性评价结合起来。评价大学生不仅要关注培育活动的效果，也要关注学生在培育过程中的表现，看其在培育过程中是否努力，是否得到了发展。

三、个体为本位，丰富内容培育机制

高校责任感培育的内容存在过高、过大、泛化的缺点，制约了责任感培育的效果。因此，责任感培育的内容要具有全面性、针对性，要立足于客观现实，循序渐进。大学生责任感培育的内容除了要遵守社会公德，体现职业精神、家庭美德之外，还应以个体为本位，关注学生的法治意识和政治参与意识教育、权利与义务教育、生命教育。

（一）法治意识与政治参与意识教育

培育学生的责任品质是对学生进行德育的核心部分。因此，责任教育内容要体现在德育的各个方面，把责任知识渗透到政治教育、道德教育、法律教育、心理教育等各个方面。

美国大学生公民责任教育十分重视法治意识的培育，注重培育学生的法律知识、法律意识和法律责任。然而在我国，部分高校主要在道德教育中教导责任，忽视了用法治意识来保障责任意识。因此，我国高校要重视对学生的法治意识教育。

高校应进行法治意识教育：第一，进行法律精神教育。学校进行法律教育不能仅仅教授法律条文，机械地教育学生什么该做，什么不该做，否则将会受到什么样的惩罚。法律教育还应该上升到精神层面，传导法律理念，弘扬法律精神。第二，在法治意识教育中倡导责任的重要性。法律实质就是人们应该承担的责任，如果没有承担责任就会产生惩罚，遵守法律就是承担责任的一种表现。人们遵守法律不仅仅是外界强制的结果，也是自身具有责任感的具体表现，只要有了责任感，就会心甘情愿学习法律，遵守法律。

大学生作为现代社会的公民，公民人格的培育应受到重视。高校应关注大学生的公民人格，尤其要加强学生的政治参与意识。但是，我国一些大学生政治参与意识较低，只有部分学生关注国家的发展状况、国家的大政方针，并积极参与其中。学生增强政治参与意识，具体要做到：一要积极关心国家的方针政策，了解国家制定此方针政策的原因；二要了解国家的基本国情，用客观辩证的眼光看待国家的发展及国家发展中遇到的困难；三是积极利用公民参与的渠道，把握住机会，表达自己的参与诉求，投入国家建设中。

对政治参与意识与法治意识的培育有利于培育学生的社会责任感。学生只有参与到政治中，才能会体会到个人在国家建设发展中的责任。学生只有拥有了法治意识，才能明白法律的重要性，才会尊重他人的权利，履行自己的义务，这本身也是具有社会责任感的一种表现。

（二）权利和义务教育

权利实质上就是一定社会角色所具有的与义务相匹配的利益，或者指人们的正当的要求。权利和责任是密切相关的，权利是责任的基础。人们只有享有了权利，才更有动力去履行责任。履行责任也不是对自身权利的限制，表面上看，一个人承担的社会角色越大，责任越大，限制越大，越不利于享受权利，其实不然。社会角色对人的发展有重要价值，承担一定的社会角色有利于人的生存、发展。一般情况下，承担的社会角色越多越有利于人的生存、发展，人们越容易感到幸福。因此，要重视权利和义务教育，不能只讲求义务，而忽视人们的权利。

只有拥有较强的法律意识，学生才会积极维护公民权利，承担公民义务。由于中国传统伦理思想的影响，中国的责任思想是一种家国情怀，首先倡导的是个人对社会、对国家的贡献。很多时候人们都会片面地理解责任，认为责任只是个人对社会的付出。我国学校的责任教育也只强调学生的义务而忽视学生的权利，因此，学校要积极对学生进行权利教育。

学校对学生进行权利教育，要做到：第一，鼓励学生积极主动地维护自身的权利，积极保护自身的合法利益。学生应懂得用法律武器维护自身受损害的合法利益；积极享受每个公民的选举权与被选举权，关心国家方针政策，主动参与到国家的大政方针里来，为国家的发展建言献策。第二，教授宪法规定的公民基本权利，使学生掌握自身所享有的权利，如选举权和被选举权、监督权、社会经济权利、社会文化权利等。第三，使学生明白权利与义务相统一，没有无限制的权利，任何人享受权利的前提是积极履行义务。

高校应重视权利教育，从教会学生顺从转向教会学生选择，使学生明白自身的权利与履行责任是一体的，责任可以更好地保证拥有权利，这样学生才能在成长成才道路上享受多样的景色。

（三）生命教育

人类作为独特的生命个体，进行活动和实现价值的前提就是生命的存在，如果没有生命，人类将不复存在。生命本身就是一种责任，承担生命责任，就是探索生命的价值，因此，学校要教会学生尊重生命。

一方面，学校应教会学生对生命有正确的认知和感悟，学会珍惜生命。每一个生命都是独特的，是不可复制的，生命不论是健康的还是疾病的，都是宝贵的，生命不仅属于个人，还属于关心、爱护你的人，生命也是社会群体中重要的组成部分。保护自己的生命不仅是对自身负责，也是对家人、对社会负责。

除了珍惜自己的生命，也要关心和爱护他人的生命，明白他人作为独特个体的不可替代性，尊重他人的生命存在的价值。另一方面，学生除了珍惜生命之外，还要提升生命的价值，增加生命的宽度，提升生命的高度。每个人的生命只有一次，因此要努力提升自己，提高生命的质量。学生应该提高自身各方面的能为，提升生命的价值，使生命变得更有意义。

四、创新培育方式，构建"主体参与"机制

学校培育学生的社会责任感，不能局限于传统的培育方式，应创新培育方式，紧随时代的步伐，用有效的教育方式增加学生的责任认知，提升学生的责任感。学校应构建学生参与机制，尊重学生的主体性，使学生积极参与到责任培育中，使学生在培育活动中提升责任感，增强责任感。

（一）理论指导与社会实践相结合

美国高校重视社会实践，与社区建立了密切的合作关系，从学生服务社区着手，积极发挥学生服务社会的功能。学校安排学生运用自身所学参与社区事务。德国高校十分关注面向生活的培育项目，引导学生从日常生活和个人经历中获得行动机会，从现实冲突中学会发现问题、解决问题的能力。在具体问题解决过程中，学生可以感受到合作与责任。由此看出，美国和德国十分重视学生在实践中学会负责。

我国传统的培育学生责任感的方式是课堂教学，在课堂上老师给学生灌输责任感的理论知识，让学生学会什么是责任，如何履行责任，学生学到的只是关于责任的浅薄的知识，学生没有了解什么是真正的责任感，没有把责任知识内化为内心的信念，外化为责任行动。学生要想深刻地理解责任感，必须回到社会实践中，在实践中感受责任。因此，学校要鼓励学生参加社会实践，引导学生把内在的责任知识外化为责任行为，将理论和实践结合起来。

第一，社会实践活动应种类多样，丰富多彩。实践活动可以提高学生的社会交往能力，学生在这个过程中能增长责任认知，锻炼责任意志，形成正向积极的责任情感。学校和老师应给学生创造多种多样的实践机会，如在假期引导学生参加社会实践和专业实习，让他们走出校园真正认识国情，了解社会。学校还可以和社区取得密切联系，为学生争取更多的参与社区事务、为社区服务的活动，让学生在社区建设中建言献策，提升他们的主人翁意识，增强责任感。学校还可以组织公益活动，让学生在服务他人、服务社会中感受责任。总之，丰富的实践活动可以增强学生的责任行为能力，让他们学会内化责任知识，把

责任知识外化为责任行为，在长期实践中增强责任感。

第二，社会实践活动应具有长期性和稳定性。我国当前的大学生社会实践活动没有取得理想中的效果，主要原因是实践活动缺乏统一的规划，活动和课程结合不紧密，实践活动只是为了完成相应任务，搞形式主义，而且活动不具有长期性和稳定性。学校每年都有很多活动，年年翻新，但是长期坚持下来的活动少之又少。实践活动只有具有了稳定性和长期性，学生在第一次活动取得的内心反思才能在后面的活动中得到深化，学生的责任意识才能得到加强，最终就能巩固责任行为。

第三，实践活动必须紧密结合课程。只有紧密结合课程的活动才是有意义的活动，才会达到课程教育的目的，取得良好的教学效果。如果活动不结合课程，活动的内容与课程毫不相关，学生的能动性在活动中没有得到增强，学生没有进行应有的反思，那么这个活动只是纯休闲的活动，只是为了娱乐。

第四，学生在社会实践活动中要发挥主观能动性，学会反思。学生在活动中应学会思考，明白活动的目的不是为了娱乐，也不是为了完成任务，活动真正的目的是要在活动中反思自己，深化自己的道德情感，一步一步提高自己的道德能力。学生在实践活动中应把自己的责任知识外化为责任行为，在活动中不断修正自己的行为，把修正的责任行为内化为新的责任认知，使认知不断加深，从而使自己的责任感在不断地内化、外化中得到增强。

（二）责任冲突法

学校的责任培育不应该回避现实生活中的责任冲突，而要引导学生关注责任冲突，使学生参与到责任冲突情境中，使其在责任冲突中提升责任冲突辨别能力，增强自身责任感。

第一，学校要指导学生积极面对而不是逃避责任冲突。只有在各种责任冲突中，学生才会积极地思考，思考出自己面对责任冲突时做出责任选择的推理和思维方式，并积极找出解决矛盾的方式方法。只要这样做，学生的责任能力就会在不同的责任冲突间得到提升。

第二，学校引导学生在责任冲突中选择普遍责任。在现实生活中，责任冲突就体现在具体责任和普遍责任之间。具体责任或普遍责任不是指具体的责任形式，而是指一种责任的相对状态，某一责任相对于其他责任来说是更为具体的就是具体责任，更为普遍的就是普遍责任。培育大学生的社会责任感，就是要指导学生在具体责任和普遍责任之间优先选择普遍责任。学校老师要学会利用生活中真实的案例，教导学生面对责任冲突要学会优先选择普遍责任。然而，这并不是让学生放弃自己应该承担的具体责任，只是让学生在面对多种责任选择时选择相对普遍的责任。承担普遍责任和承担具体责任并不是非此即彼的情况，通常情况下，二者并不矛盾。

第三，使用责任冲突法，鼓励不同专业背景的学生讨论责任冲突。不同专业的学生，他们的学习背景不一样，思维方式也不同。学校应提供给不同专业学生讨论责任冲突的机会。面对责任冲突时，不同专业的学生有不同的表达，这样更容易触动学生原有的道德知识结构，在激烈辩论的过程中，学生对责任冲突就会有更清晰的认识，学生的道德能力就会不断得到提升。在讨论的最后，老师要对学生的讨论进行有效的引导与总结，积极引导学生达成新的共识，增强学生的责任辨别能力。

（三）挫折教育法

挫折教育是指教育者有目的地采取科学的教育方法和教学手段，帮助和引导受教育者正确认识挫折，积极面对挫折，有意识地防御挫折可能带来的负面效应，保持健康的心理状态，把健康的心理状态固化为良好的心理素质，能乐观地面对生活中遇到的难题，从而拥有坚实的基础去实现自己的目标和愿望。

承担责任不是一帆风顺的，偶尔还要付出巨大的代价。如果没有坚强的责任意志能力，在承担责任过程中一遇到困难就逃避，那么就不能积极承担责任。因此，培育学生的社会责任感，需要磨炼学生的责任意志，提升学生的责任意志能为，使学生达到不畏困难、勇往直前的境界，所以学校要积极利用挫折教育法。

第一，采用挫折教育法，学校要引导学生亲身体会挫折感。挫折感是受挫者的一种主观体验，适度的挫折体验有助于受挫者在挫折情境中积累挫折经验，学会勇于面对挫折，提高承受挫折的能力。这种挫折体验是其他人替代不了的，受教育者只有通过亲身经历和体验，从中体会挫折感，才能有所收获。

第二，采用挫折教育法，要健全高校心理辅导的软件与硬件设施，培育学生正确面对挫折的能力。学校要加强对学生的心理辅导，健全心理辅导的硬件设施，如设立心理咨询室、开设心理健康教育课程。健全这些设施不是为了满足学校的形象工程。学校还应加大对心理咨询教师的培养，使他们具有丰富的心理辅导知识和实践能力，而不能让能力低下的教师混入这支队伍。总之，学校要充分利用心理辅导的软件和硬件设施，提升学生抗挫折的能力，使学生拥有积极面对困难的决心与勇气。

第三，学校需要创设挫折情境，给学生提供经历挫折的机会。学校要给学

生创设挫折情境，使学生在具体的情境中感受挫折，用自身的能力战胜挫折，在这个过程中，学生的意志就得到了增强。学校要积极给学生分配任务，让他们承担一定的责任，学校分配的任务要超出他们现有的能力，但是通过自身努力又可以完成。在这个过程中，学生可以充分发挥主观能动性，直面承担责任过程中的困难，锻炼自身的责任意志，提升承担责任的能力。

五、凝聚培育合力，构建协同机制

学校应积极凝聚各方面的培育合力，与家庭和社会积极配合，把各方力量有效组合，培育大学生的社会责任感，形成一加一大于二的责任感培育力量。

（一）凝聚"显性课程"和"隐性课程"合力

培育学生的社会责任感，需要凝聚课程合力，把学校的"显性课程"和"隐性课程"结合起来。所谓显性课程就是常规课程，是指明确的、事先编制的课程，即培育学生责任感的思想政治理论课和专业课。隐性课程是指学校情境中以间接的、内隐的方式呈现的课程，即发挥社会责任感培育功能的校园物质环境和文化环境。

1. 加强"显性课程"，凝聚思想政治理论课与专业课责任感培育合力

学校不能只靠思想政治理论课进行责任培育，还应将思想政治理论课与学生的专业课结合起来，采用渗透式教学方法，凝聚多学科的力量，进行责任教学。学校责任培育应从完全依托思想政治理论课的培育转变到思想政治理论课和其他专业课培育相结合。

第一，要发挥思想政治理论课的主渠道作用。首先，老师在课堂上要积极引导学生加入课堂学习，创新自己的教学方式，关注学生的学习动态，做到对课堂负责，对学生负责。其次，老师要及时更新教学内容，使教学内容符合社会现实和学生实际情况，传递给学生的内容切忌假、大、空，一定要真实，这样，学生才会积极地投入课堂，思想政治理论课才会取得良好的效果。最后，教师要提升自己的教学技能和水平，提升自身的思想道德素质，用自身的能力和人格魅力教导学生。

第二，学校的专业课老师也要在专业课上渗透责任教学。专业课教师不能只关注学生的专业能力而忽视学生的责任能力，如果只培养学生的专业素养而忽视学生的道德品质，那么培养出的学生不是一个真正的人才。这样的学生只关注自身的发展和能力的提高，而忽视对社会的贡献，这将不利于我们国家的进步。因此，专业课老师不能忽视专业课堂上对学生责任感的培育，应积极

发挥自身作用，调动课堂多方面因素，从自身的专业领域寻找责任教育素材，潜移默化地影响学生。学生不会对这种"润物细无声"的培育方式感到反感，学生会做到专注学习，专注课堂，从而取得良好的学习效果。因此，学校的思想政治理论课要和专业课积极配合，多学科渗透责任感培育，形成责任感课程合力。

2. 加强校园物质环境和文化环境

第一，建设社会责任感培育的校园物质环境。一方面，学校要重视校园物质环境的建设。学校的培育活动是建立在物质环境基础之上的，良好的校园物质环境可以使学生保持身心的快乐，促使学生以健康的心态投入学习中。另一方面，建设校园物质环境，学校要积极行动。学校要用心布置学校的每一个角落，大到学校的一栋教学楼，小到学校的一棵树，学校都要积极利用起来，把它们当作责任教育的资源。学校的宣传栏要发挥应有的作用，宣传社会生活中充满责任感的事例。学校各处的标语也要鼓励大学生积极向上，勇于承担责任。

第二，建设校园文化环境。文化环境是指学校的规章、制度和规范所构成的系统及其氛围。文化环境润物细无声地、潜移默化地影响着学生责任感的培育，对学生责任感的培育有着重要影响。一方面，学校要完善各种规章、制度，使学校的各项工作都在制度下进行。规章制度中要明确学校各个部门的职责，这样不同的部门各司其职，在各自岗位上承担责任，积极给学校营造出负责任的氛围。另一方面，学校要积极创建负责任的校风。校风作为育人环境，对学生社会责任感的培育具有重要作用。构建负责任的校园氛围，学生可在此种氛围中增长知识，加深彼此之间的了解，慢慢懂得对他人付出、对他人负责的重要性。

（二）协同教学育人与管理育人

学校的教学与管理工作是不可分割的统一体，它们共同为学生进步与学校发展贡献出力量，因此，培育学生的责任感也要坚持协调学校的教学与管理工作，做到教学育人与管理育人相结合。

协调教学育人与管理育人，首先应做到学校的教学要关注学生的责任感培育。各科老师应在教学岗位上踏实认真地培育学生的责任感，教导学生做一个负责任的人。各科教学要有效结合，实现社会责任感培育的良性互动，形成教学培育的合力。

协调教学育人与管理育人，还要做到学校的日常管理要关注学生的社会责任感。第一，积极营造充满责任感的校园文化环境。在学校的展示牌上，展示出发生在学生身边的负责任的行为和事迹，使学生从中受到鼓舞。第二，学校管理的规章制度要明晰，应明确地划定学校各个部门的责任，明确如果不履行责任需要承担的后果，使学校的各个部门权责清晰。第三，学校的管理不能只维持学校的秩序，只关注学校正常运转，学校管理还要积极地行动起来，随时关注学校的教学动态，主动为学校的教学服务，使学校管理成为责任课堂教学的辅助工具，为培育学生的社会责任感贡献力量。

培育学校的社会责任感不只是学校教学的任务，也是学校管理的任务，不能把教学与管理割裂开来，要将二者结合起来，只有两者积极配合，互相推动，形成合力，责任培育才会取得良好的效果。

（三）凝聚学校、家庭和社会合力

培育大学生社会责任感，不仅需要学校的努力，也需要家庭、社会的共同付出。因此，学校要重视家庭和社会对学生社会责任感培育的重要作用，与家庭和社会及时沟通，建立良好的沟通渠道，形成培育学生社会责任感的良好合力。

学校要与家庭形成培育合力。第一，学校要加强与家长沟通。高校老师特别是高校辅导员，要经常与家长交流，把孩子在学校的学习和生活动态反馈给家长，并从家长那里获得学生在家的真实情况，这样更有利于老师了解学生，更能根据学生的实际情况培育学生。学校辅导员可以建立家长微信群，把学生的问题及时上传到群里，在微信群里展开讨论，这样，家长可以及时掌握孩子的最新情况，把握孩子最新动态。第二，条件允许的学校可以举办家长学校，使家长在学校中提升自己，指导家长与孩子交流沟通的方法，使家长教育孩子更有艺术性。第三，学校可以给个别家长提供参加学校管理与监督的机会与渠道，使其有机会为孩子的责任感培育贡献自己的力量。

学校要与社会形成培育责任感的合力。学校不是一个封闭的空间，而是处在社会之中，学校的教学与管理都会受到社会的影响，因此，学校应该积极争取社会资源，把社会纳入学校的教学资源中，使社会成为责任感培育的助力而不是阻力。学校领导应积极发挥作用，为学生开拓更多的教学场地，让学生走出课堂，参加社会实践，使学生的能力在实践中得到提升。

首先，学校可以和社区联合起来，多与社区交流，找到社区真正需要解决问题的地方，有针对性地安排学生参与其中，使学生加入社区的日常管理中，为社区的发展出谋划策。学生只有进入社区，积极认真地完成自己的任务，才能体会到责任的重要性，才会明白积极承担责任的重要意义。其次，学校也可以与其他公益机构联合起来，给学生提供更多的承担责任的机会，让学生在公益活动中丰富责任理论知识，增加责任认知，深化责任情感，提升责任能力。最后，学校可以邀请充满责任感的先进人物到学校做事迹报告，利用他们的亲身经历熏陶学生。学生可以在与现实密切相关的活动事迹中感知责任的重要性，感知到责任力量的伟大。

第三节　大学生社会责任感协同培育机制

大学生的自我教育以及家庭教育、学校教育和社会教育不同程度地对大学生的成长施加着影响。要想增强大学生的社会责任感，应形成"社、校、家、人"四位一体的协同育人机制。

一、夯实家庭基础性作用

家庭在学生一生发展中起着重要作用，学生的启蒙教育、人际交往、家庭美德、责任教育都受家庭的影响，学生的衣食住行等各方面都来自家庭。家庭教育是大学生责任感形成的重要教育资源，父母是子女最直接的教育者，他们的言传身教对大学生的成长产生着深远的影响。家长对子女进行社会责任感教育，本身就是一种言传身教。通过家长践行自身责任感，子女可以明白责任感的重要性，在潜移默化中增强自身的责任感。

（一）父母要以身作则

父母要以身作则，要用自身的实际行动感染子女，使子女真正理解养成良好社会责任感的重要性。"爱国、敬业、诚信、友善"是社会主义核心价值观个人层面的主要内容。父母要具有高尚的爱国情怀，关注祖国的发展，维护祖国统一完整，认识到对于国家发展自身应承担的责任；在工作岗位上勤勤恳恳，敬业奉献；生活中与人为善，以诚相待，肩负作为社会人的责任。通过践行社会主义核心价值观个人层面的内容，父母可以用实际行动让子女认识到作为社会成员具有良好社会责任感的重要性，在国家、社会和与人相处中应该具备的责任意识。父母有责任和义务对子女进行正确的引导和正面的教育，为社会培养有用人才。若父母的行为缺乏社会责任感，就无法为子女做出正确的行为示范，那么子女也无法在家庭里得到良好的教育，更无法养成良好的社会责任感。

（二）家长要转变传统的教育理念

传统的应试教育使得父母更多地关注子女的学习成绩，只看重分数的高低，而忽略了对子女品格素质的养成，因此也会在思想上给大学生造成误导，认为"高分万岁"。家长应关注子女的身心全面发展，转变"唯智育至上"的理念，重视德育品质的培养。大学生是祖国的未来，是国家和社会发展的后备力量，父母要引导子女树立良好责任感，主动承担家务劳动、关爱长辈、替父母减轻负担，从对家庭的责任承担拓展到对他人关心帮助、为社会做贡献，最后把实现国家发展目标和社会价值追求的重任落实到具体的行动上来。父母与子女在相互交流中有时会出现"代沟"，仅凭说服教育来灌输责任感的重要性远不能达到家庭教育的目的。因此，父母应在平等交流的基础上，以引导的方式，用自己的实际责任行为，逐步达到期望的责任教育成果。

（三）父母要为子女营造增强责任感的良好环境

如今我们的生活日渐富足，正是有了这样美好的生活，家长更应该教育子女养成良好的习惯，秉持勤俭节约、吃苦耐劳的优良传统作风。家长应通过鼓励子女参与志愿者活动、义务劳动等，让子女接触社会、了解社会，把最直观的生活体验上升为理性认识，使子女从小养成责任意识，培养其良好的负责任的行为习惯。

二、筑牢学校主渠道作用

思想政治理论课在高校属于公共基础必修课程，是对大学生进行思想政治教育的主渠道，也是对大学生进行社会责任感教育的重要途径。

（一）思政课堂要在思想道德教育内容中发挥更大功效

如何以正确的思想观念、价值取向、人生理念引领大学生成长，成为高校思想政治理论课的重要内容。高校教育者应深入发掘各类课程的思想政治教育资源，在传授专业知识过程中加强思想政治教育，使学生在学习科学文化知识过程中，自觉加强思想道德修养，提高政治觉悟。因而高校教育者必须高度重视在思想政治理论课教学中加大社会责任感教育的力度。

1. 丰富思想政治理论教育内容

传统的思想政治教育缺少对于社会责任感培育的教学内容，这就造成高校思想政治理论课对于培养大学生社会责任感的乏力。高校要让社会主义核心价值观教育内容进教材、进课堂、进头脑，把24字"核心价值观"作为思想政治理论课的重要教育内容，精心设计和组织教学活动，使大学生深刻领悟社会主义核心价值观的基本内容，从"国家责任、社会责任、个体责任"三方面强化大学生社会责任意识，帮助大学生在积极践行核心价值观的行动中树立良好的社会责任感。当代大学生应诚信做人，友善待人，加强法治意识，懂法、学法、用法，做一名文明大学生。

2. 创新高校思想政治理论课育人模式

高校应创新思想政治理论课育人模式，培养大学生的自我学习能力；坚持以学生为本，营造充满人文关怀的学习氛围。传统的教学模式只强调教师讲授、学生聆听，凸显了教师的主体地位。而随着教育的改革，高校教师应不断改进教学方法，倡导启发式、互动式教学模式，打破旧的填鸭式教学模式，形成学生和教师的双主体格局，教师不再是唯一的教育主体，学生也不断发挥主体作用，教师与学生都是平等主体。通过教师和学生双主体的良性互动，可以培养大学生自我教育、自我认识的能力，树立正确的理想信念和道德规范，保持独立人格和良好的自我修养，使大学生自觉承担和履行自己应当担负的责任和使命，坚定对未来发展前景的信心。

3. 加强大学生"三观"教育

大学生正处于世界观、人生观、价值观形成的关键时期，学校不仅要通过思想理论课教育突出大学生"三观"教育，还需要从日常的管理中帮助大学生树立科学"三观"。通过社会主义核心价值观教育，把时代的价值理念融入大学生的教育中，强化大学生的价值观导向，注重培养其以爱国主义为核心的民族精神和以改革创新为核心的时代精神。

（二）从公共课延伸到各专业课

高效应满足不同专业学生全面发展的需求，培育学生社会责任感，由思政课程教师拓展为专业教师、全员教育工作者。高校教育者应提高自身修养，发挥社会责任感教育的榜样示范作用。2014年习近平总书记在同北京师范大学师生代表座谈时也指出："教师重要，就在于教师的工作是塑造灵魂、塑造生命、塑造人的工作……老师对学生的影响，离不开老师的学识和能力，更离不开老师为人处世、于国于民、于公于私所持的价值观。一个老师如果在是非、曲直、善恶、义利、得失等方面出问题，怎么能担起立德育人的责任？广大教师必须率先垂范、以身作则，引导和帮助学生把握好人生方向……"通过提高教育者的自身素质、加强课程改革、净化教育环境等途径，可以促进大学生社会责任感教育的创新发展，使大学生社会责任感教育落到实处。

（三）拓展到教育管理、服务和环境建设中

学校教育除了传统的课堂教育之外，还应加强校园文化建设，重视发挥学校环境育人功能。校园文化是以学生为主体、教师为主导的，在特定的校园环境中创造的，与社会和时代密切相关且具有校园特色的人文氛围、校园精神和生存环境。通过中华优秀传统文化传播实践，可以营造带有中华优秀传统文化气息的校园环境，发挥校园环境对大学生社会责任教育的熏陶作用。一个良好的校园环境是大学社会责任教育的良好基础，具有优秀传统文化气息的校园环境，可以让大学生从内心深处对中华优秀传统文化产生认同感。学校应充分利用社团、广播电台、宣传栏、校报、文化艺术节、各类比赛评比、微博、微信等载体，加大对中华优秀传统文化的宣传，形成良好的舆论导向。学校应深挖中华传统节日中的德育因素，为弘扬中华优秀传统文化提供素材，在校园既有建设的基础上，制作24字"核心价值观"标语、宣传海报等，合理布局和建造校内人文景观，来振奋学生的精神，培养大学生爱国、爱校的情感和意识。在优美的校园环境熏陶下，大学生能保持身心愉悦、积极乐观的态度，进而可以激发其热爱校园、维护校园美好生态的责任意识。校园制度作为校园文化的重要组成部分，对大学生的日常行为具有规范作用。通过制定合理的规章制度，从制度上可以对大学生的日常行为进行约束，逐步引导大学生确立良好的责任意识，同时应根据学生实际情况完善学校管理制度。大学生社团的建设中应将社会责任的相关知识融入其中，利用大学生志愿者协会广泛宣传和践行社会责任感。学校可以组建大学生绿色环保社团、手拉手互助爱心社团等学生组织，通过多种途径推动校园文化建设。

学校应开展以"培育和践行社会核心价值观"为主题的班团活动，引导学生积极参与校园文化传播活动，利用校园广播、校园网络、校报等各种宣传方式和载体，营造积极向上的校园文化氛围。校园是学生生活、学习的主要场所，从课堂学习到校园环境，高校应通过不同的方式向学生传达社会主义核心价值观的基本要求，使学生在耳濡目染的过程中，潜意识认同并选择这些价值观念，进而将其整合到个体的价值体系中，把主动践行社会主义核心价值观作为自我责任，切实从实际行为提升社会责任感。

三、坚持社会导向性作用

社会教育对大学生社会责任感培养的导向性作用，主要表现在社会舆论导向上。社会教育应充分发挥大众传媒的积极作用，宣传和倡导社会主义核心价

值观，引导社会主流价值取向，宣传社会主义先进文化，净化社会风气；应广泛宣传以社会主义核心价值观为主要内容的公益广告、宣传片、歌曲等，把理论的内容以更生动的形式展现出来；应打造一批精品文化产品，集思想性与观赏性于一体，通过影视作品、书籍、报刊、网络等多样化的传播形式向公民传递社会主流意识形态。大学生应主动投入社会主义核心价值观的践行过程中，学习和传播先进典型的优秀事迹，增强传递正能量的责任意识和能力，共同营造积极健康的主流思想舆论氛围。对大学生社会责任感的理解不能仅停留在理论层面，必须改善大学生社会责任感培育的方式方法，拓展途径，通过社会实践高效地开展大学生社会责任感教育工作。

社会实践对于增强大学生社会责任感具有不可替代的作用。一个人的责任感是认识过程、情感过程和意志行为过程的统一，而统一的基础，就是社会实践。责任感若只停留在认识和情感上还不够，只有在实践中以具体行为表现出来，并形成一种稳定的行为方式与特征，才成为真正完整的责任感。没有实践，大学生社会责任感就会失去动力，因此我们要在社会实践中增强大学生社会责任感，同时在社会实践中检验大学生社会责任感养成情况。社会各界应努力为大学生的社会实践创造条件，合力建构全社会关心支持大学生参与社会实践的大氛围，让大学生平等参与社会公共生活，在实践中去体验和思考，从而提高自身对于责任感的认识。如学校暑期开展的"三下乡"社会实践，为大学生提供了直接与社会接触的良好机会。大学生通过这样的实践活动，能够发挥其理论知识优势，在实践中进一步升华理性认识。社会为大学生提供机会参与实践，同时大学生也可以通过社会实践积极为社会服务。大学生应积极参与志愿服务活动，了解社会生活百态，树立服务意识，积极响应国家的"大学生志愿服务西部计划"，到祖国最需要的地方去发挥才干，把国家、社会重任落到实处，提升使命感和责任感，为建设富强文明之国家而贡献一己之力。

四、健全家庭、学校、政府和社会教育合力

大学生社会责任感培育应树立"大德育""大思政"理念，调动一切积极因素，采取各项有效手段，使家、校、媒体、政府、社会各方的参与和构建通力协作，净化社会风气，营造出全社会积极进取、健康向上的价值导向和良好氛围。国家和政府应做好制度安排和法律规制的顶层设计，完善责任行为的制度保障，坚持社会监督机制和道德机制相结合的监督体系，加大对违反社会责任道德不良行为的打击和惩处，为大学生积极承担社会责任创造条件；教育主管部门和高校应弱化应试教育的弊端，坚持对学生素质教育和德育考核的优先

原则，并建立科学合理的大学生社会责任感评价考核体系，把大学生的利他行为和志愿行为等纳入考核激励范畴；媒体应利用自己的影响力和扩散性积极宣传公益事业、志愿活动、社会道德模范和时代榜样，营造良好的社会舆论氛围和积极健康的价值导向，强化大学生的社会责任感；应加大互联网的立法和监督，净化网络生态、优化网络道德环境，为大学生社会责任感的培育创造优良的社会环境。

社会教育作为教育的宏观层面，应该以提高国民整体素质为主要内容，做好舆论宣传与引导，提倡集体主义和奉献精神，营造诚信、友爱、爱岗、敬业的社会风气。我们要极力做好社会主义道德建设，全社会倡导和践行社会主义核心价值观，创设良好的社会环境，让大学生拥有更多的机会参与到社会的发展中，激励和引导大学生积极履行自己的社会职责，培养主人翁意识。

学校教育是教育的中观层面，是强化教育成果的重要方式。学校应积极发挥学校教育的主渠道、主阵地作用，积极开展有针对性的思想理论课程及社会实践活动，强化主流思想，营造良好的校园文化氛围，引导大学生树立积极健康的价值取向。

家庭教育是教育的微观层面，是教育的重要方面，应该重点凸显在思想道德教育与个性教育方面。家长要为子女营造一种和睦、温馨的家庭氛围，让子女意识到自己作为家庭的一分子，应承担对自己、对家庭的责任，如帮助父母完成家务，养成良好的劳动习惯和责任意识。家长应通过教育子女关心家庭进而引导子女主动关心他人、关注社会，并且体会到自身对他人和社会应承担的责任。通过社会教育可以发挥大文化环境的作用，用社会主义核心价值观的内容，渲染良好的舆论氛围，提供实践机会，创设良好实践条件和环境，从理论到实践引导大学生树立强烈社会责任感培育。学校与家庭应加强沟通交流，如重庆工商大学开展的"家长学校两地书活动"，使得学校教育与家庭教育有机融合，施展共同育人的作用。家庭、学校、社会三者应立足于自身的教育特点，加强互动，搭建"家校社"信息沟通平台，扫除大学生教育盲区，把培育大学生社会责任感的目标作为共同目标，在社会主义核心价值观的引领下，通过不同的形式促成大学生社会责任感培育工作。社会教育、学校教育、家庭教育三者应从宏观到微观形成合力，促进大学生建立内在责任意识形成机制，使大学生敢于并善于承担自己的责任，并在承担责任的过程中不断地进行自我完善，最终形成强烈的社会责任感。

五、优化运行保障机制

优化运行保障机制包括高校健全制度体系、健全学生德育素质的评价体系。

（一）高校要健全制度体系

除保障高校正常的工作运行以外，还要紧紧围绕培养大学生社会责任感的德育教育目标，在资源允许的情况下，为思想政治理论课、形势政策课，为党史、国史、改革开放史和社会主义发展史"四史"教育，校园文化建设，社团活动，专题活动，宣传阵地建设等提供制度和物质保障。

（二）制定科学合理的大学生社会责任感培养考核评价体系

应定期对高校职能部门、教学单位、任课教师、管理人员、学生工作人员在大学生社会责任感培育过程中的任务完成情况进行考核，并引入激励机制保障培育的持续性和全过程性，激发教师与管理人员的工作积极性。

（三）健全高校大学生德育素质评价体系

应以价值导向改革现行考试制度，考核方式多样化，增加行为、价值考核，对学生评价引入"综合素质测评"机制，如积极参与公共事务或志愿服务就是良好的社会责任感等，将对社会责任感外化为践行方式。社会责任感作为社会道德心理建设的一项社会系统化工程，是各种社会心理及文化因素综合作用的产物。通过完善运行保障机制可以推动大学生社会责任感的实效性。

六、坚持价值引领、"知行合一"的衔接

主流价值观的宣传，大多从社会、学校两个方面开展，虽然其内容已经得到大范围的普及，但宣传工作还未完全渗透到人们的日常生活中，人们对其只有表层的初步认识。因此，要对主流价值观的宣传提出更深层次的要求，使其能够内化于心、外化于行，共同构建人们认同的社会生活环境，营造充满责任感的社会氛围，从而在价值观的引领下促进学生社会责任感的培育。

大学生知行合一，就是道德理性认知和道德行为实践的有机统一，把社会的道德规范和价值观念转化为大学生个人的思想品德素质，并且支配他们的行为。加强大学生社会责任感是大学生全面发展的内在需求，在社会主义核心价值观的指导下，我们应积极发挥大学生主体性，通过自我教育，深刻理解24字"核心价值观"的内涵，树立科学的世界观、人生观、价值观，自觉把社会主义核心价值观的基本要求内化为自我认知，从而支配自己的行为。高校应调动大学

生的主观积极性，使其主动参与道德实践，把 24 字"核心价值观"作为他们的行动向导，通过反复的实践过程，固化已有道德认知，进而外化为他们的日常行为习惯，从而提升大学生社会责任感培育的自觉性。社会责任感属于道德认知，是意识层面的内容，可以通过实践外化为道德行为。同时，在道德实践的过程中，大学生通过具体行为又体现了自身的责任感。只有将理性认知转化为情感认同，才会进一步激发履行社会责任的动力。增进大学生社会责任认同不仅是一个思想问题，也是一个实践过程。高校要重视社团活动对于大学生社会责任感培育的重要性，并且把社会主义核心价值观基本内容融入学生社团活动全过程，鼓励大学生参加学校社团活动，开展义务劳动、社区服务、公益项目、参观爱国主义教育基地等活动，培养大学生无私奉献的精神，增强大学生民族自信心和自豪感。高校应筹建社会实践基地，搭建学校和社会交流平台，让大学生有更多的机会参与实践，帮助大学生从具体的实践工作中了解社会需求和时代变化，在实践中做到与人友好、诚恳相待。大学生应树立回报家庭、社会和祖国的强烈责任感，将对家庭、社会、国家的感激之情化为责任行为的动力，投身公益事业，义务支教，响应国家"三支一扶""志愿服务西部"的号召，到祖国最需要的地方去发挥自己的才干，将这种情感方面的责任意识上升到理性体验，并在以后的工作中继续为国家和社会做贡献，建设现代化国家和现代文明社会。

我们应注重大学生知、情、行的全面发展。心理学研究表明，人的认知过程、情感过程和外在行为是协调统一的。认知在很大程度上能够支配情感，情感也能够反作用于认知，认知和情感是相互影响、不可分割的。社会责任感包括了个体对社会责任的认知和情感，社会责任行为是社会责任感的外在表现。这就说明社会责任感的培养是需要认知、情感和行为全面发展的。在大学生社会责任感培养的实践过程中，长期存在着的误区就是重视社会责任认知的发展而忽视社会责任情感和社会责任行为的发展。教育者往往是把各种社会责任中所蕴含的行为规范教给学生，对于学生是否能将其"内化"为社会责任意识和"外化"为相应的社会责任行为则是不太清楚的。实际上，这种方法只是从大学生的认知层面这一个方面来进行培养，忽视了从情感和行为的层面进行培养。其实，对于像社会责任感这样的道德观念的培养，情感和行为层面的培养更为重要。仅仅从认知入手来培养社会责任感，没有体验式的教学情境，没有行为上的模仿与强化，就不能唤起学生情感上的共鸣，这样的培育效果会大打折扣。社会责任感的发展与思想政治教育学科的其他内容一样，都属于社会规范的学习成果。因此，社会责任感的发展作为一种社会规范的学习成果，要想取得良好效果，必须经过认知过程、情感过程和行为过程的全面投入，发展要体现为社会责任认知、社会责任情感和社会责任行为的全面发展。我们应注重运用学生已有知识经验，创设问题情境，积极引导学生独立思考。

大学生社会责任感的培育作为一项长期而艰巨的任务，需要全社会形成合力，关注祖国的未来，支持高校思想政治教育工作，协同创造良好的培育环境，让大学生的社会责任感在正确的思想观念引领下逐步增强。通过国家、社会与个人等多方面的努力与教育，可以激励广大大学生肩负起社会责任与历史使命。我们应积极引导大学生自觉主动履行社会责任，积极争做有社会责任感的人。高校大学生应将社会主义核心价值观内化为自己内心的精神动力，外化为日常生活中责任担当的行动指南，用理想信念、社会责任感和实际行动，为实现国家繁荣富强、民族复兴而不懈奋斗。

第五章　大学生社会责任感培育策略

第一节　中国梦视域下大学生社会责任感培育策略

社会责任感是责任主体在生活中主动承担社会责任的行动自觉。社会责任感是一个民族赖以生存与发展的基础，也是当代大学生应该具备的基本品质。党的十八大报告把培养学生的社会责任感与培养学生的创新能力、实践能力一起列入素质教育的培养目标。2013 年，习近平总书记在给华中农业大学"本禹志愿服务队"的回信中强调，"历史和现实都告诉我们，青年一代有理想、有担当，国家就有前途，民族就有希望，实现中华民族伟大复兴就有源源不断的强大力量"。党的十八大以来，习近平总书记多次寄语广大青年大学生，"要勇敢肩负起时代赋予的重任，志存高远，脚踏实地，努力在实现中华民族伟大复兴的中国梦的生动实践中放飞青春梦想。"当代大学生作为青年群体中的佼佼者，是新时代风貌的展示者，是推动实现中国梦的生力军。当代大学生有无社会责任感或社会责任感的强弱，事关国家和民族的未来，事关中国梦的实现进程。因此，深入探讨中国梦视域下当代大学生社会责任感培育的策略问题，对于促进大学生健康成长成才，推动中国梦的实现具有重要的战略意义。

一、中国梦与大学生社会责任感的相关理论概述

（一）中国梦的提出及内涵

2012 年 11 月 29 日，习近平总书记在国家博物馆参观大型展览"复兴之路"时，立足于国际发展情况、中国现阶段实际发展情况和客观发展趋势，第一次提出并阐释了中国梦的内涵。

何谓中国梦？习近平总书记用一句话进行了概括："实现中华民族的伟大复兴，就是中华民族近代以来最伟大的梦想。"2013 年 3 月 17 日，习近平总书记在十二届全国人大一次会议闭幕会上的讲话中，再次详尽阐明了中国梦包

含的具体内容。他指出，中国梦是复兴梦、小康梦、文明梦、和谐梦，要实现中国梦具体就是要实现国家层面的富强、社会层面的发展和个人层面的幸福，这既是先人们的不懈追求，也是今天我们的共同理想。由此可见，国家富强、民族振兴、人民幸福构成了中国梦的基本内涵，三者相辅相成。

首先，国家富强是实现中国梦的前提。中国梦即实现社会主义现代化之梦。落后就要挨打，一部中国近代史就是一部中华民族的屈辱史。因此，国家富强，成为每一个中华儿女的首要期盼，也成为中华民族伟大复兴的中心任务。这就需要把握世界主题，保持战略定力，始终坚持以经济建设为中心，全面建成小康社会、建成富强民主文明和谐的社会主义现代化国家。

其次，民族振兴是中国梦的关键。中国梦即复兴梦。"复兴"从字面上看，是指恢复到以前最辉煌璀璨的时刻。中华民族是一个拥有五千年悠久历史的伟大民族，创造了灿烂的中华文明，铸就了伟大的民族精神，曾在相当长一段时期走在世界民族的前列。但是，1840年的鸦片战争击破了"天朝上国"的痴梦。历史上的辉煌与近代的屈辱形成巨大反差，使民族复兴成为中华儿女的共同心结，因此，实现中华民族的伟大复兴，不仅成为中国无数仁人志士追求的目标，也成为时代潮流中的突出主题。中国梦并不是要恢复古代中国鼎盛时期的疆域版图，而是要恢复中国的历史辉煌与确立新的世界地位，为全人类的发展做出贡献。

最后，人民幸福是中国梦的目标和价值追求。实现中国梦，关键在于"人"，将"人民幸福"作为核心概念纳入中国梦的要素，这就要求我们党始终坚持全心全意为人民服务的宗旨，切实做到发展为了人民、发展依靠人民、发展成果由人民共享，时刻关注并解决好人民群众最关心、最直接、最急迫、最现实的实际问题，这样才能真正汇聚中国力量，实现伟大中国梦。

总之，中国梦寓意丰富，为人们勾勒出一幅国家富强、民族振兴、人民幸福的美好图景，反映了国家梦、民族梦和个人梦的完美结合，体现了以习近平同志为核心的党中央的治国理政新理念。实现中国梦是艰巨而繁重的历史使命，必须靠一代又一代中国人前赴后继、不懈奋斗，必须走中国道路、弘扬中国精神、凝聚中国力量。

（二）中国梦与大学生社会责任感的内在契合性

中国梦是近代以来我们所有中国人的共同梦想。中国梦与大学生社会责任感有着内在契合性，主要体现在以下几个方面：

1. 中国梦与大学生社会责任感的目标指向具有一致性

中国梦的实现需要汇聚大众力量，同时大众也受益于中国梦，其根本在于将个人发展与民族、国家发展结合起来。中国梦的内涵与寓意为全族人民树立了精神旗帜，同时也给大学生提出了新的时代要求。大学生作为国之栋梁，其社会责任包括对自己、亲人、他人、集体、民族负责。而对民族的社会责任感在于实现民族振兴、社会繁荣，其目标指向在于报效祖国。因此，加强对大学生进行与中国梦相适应的社会责任感教育，帮助他们增强责任意识、健全人格品行，自觉将青春梦融入中国梦之中，担负起实现中国梦的伟大历史使命，既是大学生健康成长和全面发展的重要条件，也是实现中国梦的需要和内在要求。

2. 大学生社会责任感的强弱影响中国梦的实现程度

社会责任感反映了责任主体的社会理想和价值追求，影响着人们的思想动机和行为选择，可以说，社会责任感是人生的"方向盘"。中国梦的实现，需要社会把单个个体的力量凝聚起来，更需要大学生的责任担当作为保障。因为大学生是社会上最具有生机的社会群体，他们接受过高等教育，有着丰富的知识文化，掌握着先进技术，是未来社会主义建设的领军人物和中坚力量。因此，当代大学生具有什么样的理想信念和核心价值观，是否勇于担当，影响到中国梦实现的深度与广度，进而影响到民族复兴与国家发展。

3. 中国梦为提升大学生社会责任感提供精神动力

大学生要想实现自己的人生价值，成为对社会有用的人，进而在社会发展的广阔平台中发挥自己的聪明才智，就必须得为集体、国家而努力奋斗。中国梦既强调国家的繁荣、民族的振兴，强调社会价值的实现，也关注个体的快乐与幸福，关注大学生个人价值的实现，体现了全民族人民的共同利益。

国家层面的梦、民族层面的梦、人民的幸福梦是有机统一的。实现国家民族的繁荣富强、实现社会的发展进步、追求个体的幸福生活三者统一于中国梦之中。国家富强是民族振兴和人民幸福的前提条件和重要保障；个人幸福是国家富强、民族振兴的目标。当代大学生既是实现中国梦的重要力量，也是中国梦伟大成果的享用者。可以说，中国梦是一种强大的正能量，为大学生的人生发展指明了道路，也为大学生责任感培养提供了新的契机。大学生应当将这种精神动力转化为实际行动，将个人追求寓于实现社会发展进步的背景中，自觉将个人前途命运与祖国复兴结合起来，自觉承担起对民族的社会责任，在实现中国梦的伟大进程中实现个人价值。因此，加强与中国梦相适应的大学生社会责任感教育，成为当下高校人才培养的重要内容。

二、中国梦视域下当代大学生社会责任感培育的理论依据及现实意义

科学的理论对大学生社会责任感的培育具有重要的指导和促进作用。笔者认为，马克思主义关于人与社会关系的理论、关于实践与认识关系的理论、关于自由与责任关系的理论，为中国梦视域下大学生社会责任感的培育提供了重要理论依据。

（一）中国梦视域下大学生社会责任感培育的理论依据

1. 马克思主义关于个人与社会关系的理论

马克思主义认为，人的本质属性在于其社会性。1845年，马克思在发表的《关于费尔巴哈提纲》一书中强调："人的本质不是单个人所具有的抽象物，在其现实性上，它是一切社会关系的总和。"随后，马克思、恩格斯在合著的《德意志意识形态》一文中指出，无论社会环境如何变化，人的社会属性都将引导着人从自身利益出发，追求利益的扩大；在这一实现利益的过程中，人却一定要或多或少在某种程度上与他人发生联系，不能独立于人类之外，他们需要被满足（两性关系、交换、分工），所以他们摆脱不了相互关系。一个人的发展取决于和他直接或间接进行交往的其他一切人的发展。马克思认为，"关系"所至之处，便是自我之所以存在的意义。关系是为自我实现价值而存在的。自然生存状态下的动物没有人的大脑，只能出于经验的本能，而不能对外界环境发生主动性的"关系"，而且这种"关系"在动物的本能中是根本不存在的。人类社会存在两种关系，自然关系和社会关系，人的本质离不开同自然的关系，但更重要的是社会关系。在一切社会关系中，生产关系是主要的社会关系，它是人类社会变化发展的内驱动力，是"决定其余一切关系的基本的原始的关系"。在生产关系的基础上，人们进一步形成了政治的、法律的、道德的、宗教的以及行业间的等复杂的社会交往，并从不同侧面、不同层次映现着人的本质。在不同社会的历史时期，人们从事的生产方式不同，人与人之间交往所结成的社会关系也是不同的。因而，人的本质呈现出不同形态。

正是因为人总是生活在社会中，人要实现并维持自己的"社会性"就必须承担责任，养成社会责任感，这是人的社会生活和社会关系给人提出的要求。对社会责任感的认知程度、履行程度是社会衡量一个人存在于社会的精神境界高低和思想品质优劣的重要标志。大学生对自我担负的社会责任感的认知与实践程度则是衡量大学生成长过程中是否真正成熟、能否成为一个自由且全面发

展的、对人民有益的新世纪人才的重要标志。因此，马克思主义理论对"人与社会"互动关系的阐述，强调了培育当代大学生社会责任感的重要性，与此同时，从哲学理论视角，为大学生社会责任感培育提供了哲学理论依据。

2. 马克思主义关于实践与认识关系的理论

马克思曾说，"社会生活在本质上是实践的"。马克思主义哲学认为，实践是认识的目的和动力，对认识起决定性作用，实践是检验认识正确与否的唯一标准。因为，人通过感觉器官对事物的认识会不全面、不彻底，实践可以弥补这一不足，通过实践，主体对客观事物的认识将更加深入，能够透过现象抓住事物的本质。

一个人的社会责任感是在社会实践的基础之上形成的，同时也受个体内在因素和客观外在条件的影响。马克思对于人的社会属性的考察，正是基于"现实的人及其活动"的基础。由此可见，个体社会责任感是一个由认识到实践的过程。

首先，个体必须明白自己肩负的社会责任，其次对社会责任感有一个情感认同过程，最后在社会生活中做出行为选择，用行动践行社会责任感。因为只有把从书本或他人经验获得的对社会责任感的认识，最终运用于指导社会实践，形成责任行为，才是真正意义上有社会责任感的体现。

人对客观世界的认识会随着年龄、年级、知识结构、外在环境等因素的变化而发展变化。大学生是一个特殊群体，其性格品性、知识结构尚未稳定，他们对新鲜事物有着强烈的好奇心，对新知识的接受比较快。然而，他们对事物的看法容易受他人的影响，其世界观、人生观、价值观还未完全稳定。因此，加强大学生社会责任感教育，帮助他们树立正确的世界观、人生观、价值观，不断完善自我，为实现自己的个人梦想，进而为实现伟大的中国梦而努力奋斗，是高校思想政治教育的重要任务之一。

3. 马克思主义关于自由与责任关系的理论

早在19世纪40年代，马克思在其博士论文中就提及了关于自由与责任的关系问题。马克思批判了伊壁鸠鲁的把人的理性与自由对立起来，否定外部环境的作用的形而上学观。尽管马克思承认人的自我意识，但他也强调人的自由本性与周围世界的关系密切相关。马克思、恩格斯在《德意志意识形态》一文中指出，自由受到其所处的物资资料生产关系的发展水平的限制，不是毫无限制的无限自由，"人们每次都不是在他们关于人的理性所决定和所容许的范围之内，而是在现有的生产力所决定和所容许的范围内取得自由的"。也就是说，随着社会物资资料生产方式的变化发展，人们总体对自由的认识和实现程度也随之发生相应的变化。应注意，人的自由是具有相对独立性的。

人的责任与人的自由是统一的。首先，人有自由是人有责任的前提条件。人对自己、他人、自然必须承担一定的责任，这源于人有做出责任行为的自由。但有自由的同时也意味着对他人有责任，人的自由的底线在于不限制他人的自由。其次，自由与责任相互制约。一方面，责任对自由有制约作用。自由不是无限的，人应该本着负责任的态度做事。一个有责任心的人必然不会限制他人的自由。另一方面，自由同样限制着责任的边界。一个自由的人应当对自己所做的一切事情负责。

因此，大学生应该以马克思主义为指导，全面把握自由与责任的关系，坚决反对绝对自由论和无限责任论，树立个人对社会的责任感，时刻提醒自己并牢记肩负的历史使命，正确处理好自由与责任的相互关系和个人与集体之间的利益关系，将自己的个人理想同社会的需要相结合，在实现中华民族伟大复兴的中国梦中实现个人梦想。

（二）中国梦视域下大学生社会责任感培育的现实意义

1. 加强大学生社会责任感培育，有助于为实现中国梦提供人才支持

中国梦的实现是一个漫长的历史过程，也是一个从梦想到现实的过程。党的十八大以来，习近平总书记反复强调，实现中国梦，教育是基础，人才是关键。只要青年一代有理想、有担当，国家就有前途，民族就有希望，实现中华民族伟大复兴就有源源不断的强大力量。当代大学生作为思维活跃、视野开阔、富有激情和创造力的高素质青年群体，肩负着实现中国梦的历史使命。他们现在是后备军，不久会是生力军，将来还会成为主力军。加强对大学生的社会责任感教育，有助于增强他们的历史责任意识，坚定对未来的希望，明确自己的责任担当，提高实现中国梦的主体自觉，在投身实现中国梦的伟大实践中，自觉将个人成长成才与国家民族发展、社会进步紧密联系在一起，进而为推动实现"两个一百年"目标和伟大复兴中国梦奠定坚实的人才基础。

2. 加强大学生社会责任感培育，有助于坚定大学生的中国特色社会主义理想信念

理想信念有强大的价值导向功能，坚定的理想信念会激发人们孜孜不倦地追求自己的目标。大学阶段是大学生人生中的重要塑造阶段，是对大学生进行理想信念教育的关键时期。大学生社会责任感的强弱直接关系到大学生能否树

立正确的价值观，能否树立远大理想，能否坚定中国特色社会主义理想信念。中国特色社会主义道路是我们党带领人民从近代开始，历经了千辛万苦的长征，经受了千锤百炼而找到的实现中国梦的正确道路。当代大学生必须牢固树立中国特色社会主义的信念，增强中国特色社会主义道路自信、理论自信、制度自信、文化自信。这就需要我们加强对当代大学生社会责任感的培育，使之"树立正确的世界观、人生观、价值观，永远热爱我们伟大的祖国，永远热爱我们伟大的人民，永远热爱我们伟大的中华民族，在投身中国特色社会主义伟大事业中，让青春焕发出绚丽的光彩"，确保党的事业后继有人。

3. 加强大学生社会责任感培育，有助于促进大学生健康成长成才

社会责任感实际上是一种精神风貌，体现了个人对他人和社会所承担的使命，是理想与价值观的高度统一。只有树立了科学的成长成才目标，大学生才能够明白自己追求的是什么，是为谁而努力学习、踏实工作的，油然而生一种强烈的社会责任感和担当精神。这种强烈的社会责任感可以激发大学生最大限度地发挥自身的潜力，培养大学生的学习兴趣，引导大学生不断探索进取，积极参加社会实践，促进大学生健康成长，使之成为有用之才。中国梦作为一种强大的精神动力，能够提高大学生明辨是非的能力，引导大学生树立科学的人生目标，激发大学生的求知欲，从而使大学生自觉学习科学文化知识，提高专业技能，健全人格品行，自觉将自己的青春梦融入中国梦之中，担负起实现中国梦的伟大历史使命。这既是大学生健康成长和全面发展的迫切需要，也是中国特色社会主义事业发展的战略需要。

三、大学生社会责任感培育的策略

实现中国梦是当代中国的主题，也是当代大学生的责任所在。因此，我们要从战略的高度重视当代大学生社会责任感的培育，坚持以中国梦为主线，以社会主义核心价值观为引领，从净化社会环境、完善育人模式、重视家庭教育、发挥主体作用等方面着力，积极构建"社会＋学校＋家庭＋学生"四位一体通力协作的教育体系，从而不断增强大学生社会责任感教育的实效性。

（一）以中国梦为方向，着力营造良好社会环境

如前所述，社会环境是影响大学生责任感的重要因素，大学生社会责任感的形成与所处的社会整体文化和道德环境密切相关。良好的社会环境有助于培养大学生社会责任意识。

1. 坚持以社会主义核心价值观引领社会思潮

责任感说到底是一个关于世界观、人生观和价值观的问题。核心价值观是社会意识形态的本质体现。事实证明，"家国合一"始终是内孕于中华儿女血液中的价值取向。党的十八大报告强调，"必须准备进行具有许多新的历史特点的伟大斗争"。当前意识形态领域的斗争尤其是思想理论领域的斗争尖锐而复杂。为了应对西方错误思潮和国内转型期矛盾带来的挑战，我们需要以社会主义核心价值观统一思想，凝聚共识。党的十八大提出的"倡导富强、民主、文明、和谐，倡导自由、平等、公正、法治，倡导爱国、敬业、诚信、友善，积极培育和践行社会主义核心价值观"，为大学生社会责任感培育指明了方向。我们应加强社会主义核心价值观教育，加强对公民责任的规范和制度建设，积极营造良好的社会责任感教育氛围，提高大学生的认知能力，使其认清西方社会思潮的本质和危害性，坚定中国特色社会主义理想信念，增强对社会主义核心价值观的认同感，切实肩负起推动实现中国梦的责任和使命。

2. 构建公平、公正的社会秩序

构建公平、公正的社会秩序一直是我们党追求的目标。"仓廪实而知礼节"，公平、公正的社会秩序，是公民产生社会责任感的前提。一是要从国家层面建立健全有效管理机制，倡导公平、公正的社会理念，推进法治建设，用规则和制度约束和引导人们的思想和行为，保障社会公正，促进社会诚信，维护社会秩序，以高压态势惩治和预防腐败现象，把权力关进制度笼子里，让权力不再任性。二是要建立顺畅的利益表达机制，关注大学生的基本利益诉求，鼓励和帮助大学生克服现实生活中的困难，激励大学生把个人青春梦融入中国梦之中。

3. 牢牢把握网络舆论话语权

一是要加强网络文化建设，有效运用网络、电视、电影、广播、报刊等大众主流媒体，加大社会主义核心价值观和中国梦的宣传力度，弘扬主旋律，传播正能量，牢牢把握网络舆论话语权，引导大学生追求真善美，远离假恶丑，自觉抵御西方错误思潮的影响，在潜移默化中提升大学生的社会责任意识。二是要制定符合中国特色的网络管理办法，加强网络安全技术防范，不断净化网络环境，规避不良信息、思潮对大学生思想的攻击和侵蚀，培养他们独立思考、辨别是非的能力，使他们自觉承担起作为社会成员应尽的义务和责任。

（二）以中国梦为主线，健全高校责任教育机制

习近平总书记强调指出，"青年的价值取向决定了未来整个社会的价值取

向，而青年又处在价值观形成和确立的时期，抓好这一时期的价值观养成十分重要。这就像穿衣服扣扣子一样，如果第一粒扣子扣错了，剩余的扣子都会扣错。人生的扣子从一开始就要扣好"。高校是大学生社会责任感培养的主阵地，高校思想政治教育是培养大学生社会责任感的重要平台。高校应坚持立德树人，根据中国梦的实现目标，建立健全责任教育体制机制，改变高校在人才培养模式上"重智轻德""重实用轻责任"的片面发展局面，切实做到因事而化、因时而进、因势而新，增强大学生社会责任感教育的针对性、实效性。

1. 牢固树立立德树人的理念

中国的大学是社会主义性质的大学，是培养中国特色社会主义事业合格建设者和可靠接班人的重要阵地。因此，必须把德育摆在学校教育的首位，进一步加强和改进高校思想道德体系建设，重视大学生思想品德的养成，让教育回归本质，实现知识、能力与价值观培育的有机统一，从而教育引导学生正确认识世界和中国发展大势，牢固树立为远大理想和共同理想而奋斗的信念和信心；正确认识中国特色和国际比较，把握历史潮流，坚定"四个自信"；正确认识时代责任和历史使命，用中国梦激扬青春梦，点亮理想之灯、照亮前行之路，勇做奋进者、开拓者；正确认识远大抱负，脚踏实地地把远大抱负落实到实际行动中，让勤奋学习成为青春飞扬的动力，让增长本领成为青春搏击的能量。

2. 发挥课堂教育的主渠道作用

从教育角度上看，教育不是单纯的给予，而是有目标的唤醒，唤醒学生内心的良知，唤醒学生的求知欲望，唤醒学生对社会的理性看待，也唤醒学生的社会责任感。作为培养学生、引导学生的主渠道，高校课堂教育至关重要。

一是要办好思想政治理论课。思想政治理论课是落实立德树人根本任务的主渠道。办好思想政治理论课，事关意识形态工作大局，事关中国特色社会主义事业后继有人，事关实现中华民族伟大复兴的中国梦。高校课堂教育应坚持以中国梦为主线，将社会责任感教育有机融入每门思想政治理论课程教学之中，帮助大学生自觉树立对国家和民族发展的忧患意识，增强大学生对社会责任感的认知；应深化教学改革，改进教学方法，结合当代大学生的认知特征，采取启发式、探究式、案例式教学方式，激发大学生的求知欲望，调动他们的学习积极性、主动性，同时，应改变教学内容枯燥、缺乏生动性的现象，适时补充大学生关心、关注的社会热点、焦点问题，引导大学生理性看待社会现象，帮助他们提高政治觉悟，增强责任意识。

二是要充分挖掘哲学社会科学和其他课程的育人资源和功能。哲学社会科学和其他课程同样承担着德育的职责。在高校，每位教师都应成为德育工作者，教师应学会在讲授专业知识的同时因势利导地开展德育，使学生在学习专业知识的同时也接受德育引导，形成强大的育人合力。

3. 发挥校园文化的熏陶作用

良好的大学校园文化氛围，不仅影响学生的学业，也影响学生良好品德的养成，并对大学生社会责任意识的形成起着推动作用。因此，我们要高度重视校园文化建设，坚持用社会主义核心价值观构筑大学校园文化之魂，使之成为大学生社会责任感教育的新载体、新平台。一是要将责任感教育的内容渗透到学校各项规章制度和管理制度之中，努力使责任意识成为大学生日常学习生活的基本意识和规范，并外化为自觉的责任行动；二是要充分利用新媒体的独特优势，增强社会责任感教育的吸引力、感染力，扩大覆盖面和影响力；三是要大力开展内容丰富而又贴近大学生实际的活动，寓社会责任感教育于丰富多彩的校园文化活动之中，让大学生在参与活动中深化对中国梦的认知和对责任的认知，真正使大学校园成为承载理想信念、民族精神、时代精神的一方热土。

4. 发挥社会实践的体验作用

辩证唯物主义认为，实践是认识的来源和前提，认识对实践具有能动作用。大学生责任感培养不是为了培养而培养，而是为了让其形成良好的责任行为。高校应以中国梦为主线，通过积极宣传先进模范和先进事迹、组织参观爱国主义教育基地、开展"三下乡"社会实践活动和到基层一线调研、组织参加社区服务、组织参加公益活动等，积极为大学生搭建社会实践平台，磨砺其意志品质，使他们了解国情、社情、民情，亲身感受到中国社会主义现代化建设的成就，激发他们对祖国的热爱，对党和人民的深厚感情，增强他们对中国梦的现实感和认同感，自觉把爱国热情转化成为实现中华民族伟大复兴中国梦而努力学习、积极实践的动力。

5. 发挥教师的示范引导作用

常言道，"学高为师，身正为范"。从教育学的角度来说，学生具有明显的向师性，教师的学识修为、言行举止等会对学生产生很大影响。事实证明，一个富有强烈责任感的教师对大学生社会责任感的形成起着潜移默化的作用。因此，高校要加强教师队伍建设，重视教师综合素质特别是思想政治素质的提高，使广大教师能够以德立身、以德立学、以德施教，以自身渊博的知识、高尚的人格和强烈的社会责任感引导学生成为有社会责任感的人。

（三）以中国梦为重点，发挥家庭教育基础性作用

家庭是大学生责任感培育的心灵港湾。目前的大学生大多是独生子女，物质生活丰富，从小便在祖辈、父辈的百般呵护下如温室花朵般成长，加之受现代重智育、轻德育理念的影响，使得家庭教育往往只关注子女考试的成绩，对成绩以外的事务，家长往往全部包办，使得子女有了依赖性，这不利于培养子女的责任担当。因此，改变家庭教育方式刻不容缓。

1. 摒弃偏颇的教育理念

是作为子女的首任"教师"，父母要明白自己有责任把子女培养"成人"，尤其是把子女培养成为一名有社会理想、勇于担当、积极承担社会责任的人。父母应当摒弃原有的偏颇的家庭教育理念，既要注重培养子女独立自强的意识，增强子女的生活自理能力、环境适应能力和自我生存能力，同时，还要注重子女品格的塑造和责任的培育。父母应该让子女从小时候起锻炼，从生活、学习中的点滴做起，让他们在实践过程中体会到自身责任的存在，进而成长为有责任担当的人，能够将奋斗的力量融入中国梦之中。

2. 创造良好的家庭氛围

研究表明，个体的家庭责任感是其社会责任感形成的重要助推剂。良好的家庭氛围有利于子女自信乐观性格的形成、独立人格的培养和责任感的养成。子女在不同的成长阶段会有不同的思想矛盾，家长应该多和子女交流，引导他们正确面对遇到的困难。同时，家长还应该注重对子女家庭责任感的培养，进而让子女懂得对他人、社会、国家负责。此外，家长的品行和素质对子女的影响是巨大的，子女会学习和模仿家长日常的言行举止、待人接物，从而潜移默化地内化为个人的心理品质。因此，家长要注重提高自身素质，为子女树立学习的典范。

（四）以中国梦为指引，激发大学生内生原动力

大学生社会责任感的形成，固然离不开各种客观因素，但归根结底还是依赖于大学生自身努力，在于正确地认识自己，认识自己与社会发展的关系，真正激发自我教育的愿望和要求。因此，要坚持以中国梦为指引，激发大学生自我教育的原动力，帮助他们确立正确的人生目标。

1. 加强大学生自我教育

所谓自我教育，即是自身以积极态度汲取外部环境影响及灌输的知识，自觉转变学习理念，培养自我品德与控制行为的一种思维活动。自我教育在社会

责任感的培养上具有特殊作用。大学生进行自我教育，首先应注重自身学习。事实证明，知识的匮乏是一些大学生社会责任感缺失的主要原因。我们应通过加强大学生的自我教育，可以帮助他们汲取马克思主义理论之营养，提高自我认知、自我评价能力，学会自我调适，坚守内心的责任意识。

2. 坚持自育与他育的有机统一

自育和他育是教育的两种基本形式。责任教育是一项全面、系统的工程，但是，目前大学教育中缺乏自育与他育的有机整合。大学学习期间，学生的个人思想还处在不断完善的过程之中，对很多事物的认知尚不成熟，思想上虽然存在一定的独立性，但因自身的生活经验少，在对事物的看法上容易片面、脱离现实、不够客观，对很多事情容易持怀疑态度，看待问题也不具有辩证性。单纯的自育存在局限性，而单纯的他育又达不到自我教育的目的。因此，只有牢固树立全员育人理念，坚持教书育人、管理育人、服务育人，同时又充分发挥学生的主体作用，积极引导学生自我教育、自我管理、自我服务，实现自育与他育的有机统一和良性互动，才能提升学生社会责任感的培养效果。

总之，当代大学生承担着民族复兴、实现中国梦的伟大历史使命。加强对当代大学生社会责任感的培育是实现中国梦的重要保证。为此，我们要充分发挥家庭、学校、社会的功能，调动大学生的主观能动性，激发大学生为实现中国梦而奋斗的社会责任感，这样才能确保中国特色社会主义事业永续发展。

第二节　思想政治教育中大学生社会责任感培育策略

随着社会经济的不断发展，大学生社会责任感的话题已越来越为人们所关注。当下，大学生群体的素质良莠不齐，其中一个很重要的原因就是部分大学生社会责任感缺乏。大学生能否担当起属于自己的历史责任，事关国家和民族的前途与命运，这既是大学受到关注的原因，也是大学思想政治教育不可避免的思考点。本节通过论述思想政治教育与大学生社会责任感的关系、思想政治教育中大学生社会责任感培育的原则和意义，来探讨大学生社会责任感培育的策略。

一、思想政治教育与大学生社会责任感的关系

思想政治教育是指一定的阶级、政党、社会群体遵循人们思想品德形成发展规律，用一定的思想观念、政治观点、道德规范，对其成员施加有目的、有计划、有组织的影响，使他们形成符合一定社会、一定阶级所需要的思想品德

的社会实践活动。思想政治教育是解决做什么，怎么去做的一项社会实践活动，是一定阶级的精神生产和主导意识形态建设的重要方式。

思想政治教育是一项社会实践活动。思想政治教育经历了从政治工作、思想工作、思想政治工作、政治思想工作等相邻术语的演变，而最终形成了"思想政治教育"，它是在实践中约定俗成的，并且具有社会实践的基本特征和价值。思想政治教育具有鲜明的阶级性。各个阶级思想政治教育理论都反映了本阶级的根本利益和要求，都具有明显的阶级性特点。这一实践活动的实施者代表着一定的阶级意志，其表达的思想内容也与社会主导的意识形态相一致。马克思主义思想政治教育学最突出的特点就在于，它公开申明自己为无产阶级服务，为人民大众服务。因此，我们应不断加强和改进新时期新阶段的思想政治教育工作，从实际出发，把握思想政治教育的新特点，更好地教育人、培养人，极大地提高整个民族的思想道德素质和科学文化素质。

思想政治教育是以教育为中心的社会实践活动。思想政治教育不同于其他一般的社会实践活动，它的目的就是培养人、教育人，通过不断提高人的思想道德素质，以及人们认识世界和改造世界的能力，使人们为建设中国特色社会主义、实现共产主义而奋斗。

自 20 世纪 80 年代以来，思想政治教育作为一门独立的学科出现在中国的学术视野和教育舞台。随着不断的探索和发展，思想政治教育与其他相关学科进行交叉渗透，并将其他知识在思想政治教育视野下进行"改造"和"内化"。通过不断的渗透、内化，这一学科建设始终具有前沿性和时代性，从而显示出很强的生命力。

伴随着这一学科的不断综合深入发展，在和谐社会建设与人的和谐发展的时代背景下，如何审视思想政治教育的发展，明确此学科所肩负的社会责任，成为学科亟须解答的问题。

（一）思想政治教育包含大学生社会责任感的培育

我们知道，大学生社会责任感的培养是高校社会责任教育的一部分，而社会责任教育又隶属于思想政治教育范畴，所以，思想政治教育与大学生社会责任感是包含与被包含的关系。在培养大学生社会责任感的时候，要切实把握思想政治教育中的马克思列宁主义、毛泽东思想、邓小平理论、三个"代表"和科学发展观的思想，在课堂上进行广泛的人生观、世界观和价值观教育，引导大学生树立正确的"三观"；同时，还要发挥社会实践的作用，让大学生多跟社会接触，多了解社会，在社会实践的过程中切实抓住各种时机对大学生社会责任感进行培养，也就是坚持思想政治教育不放松。

（二）思想政治教育在大学生社会责任感培育中的地位及作用

1. 思想政治教育在大学生社会责任感培育中的地位

重视思想政治教育的地位，发挥思想政治教育的作用，是中国共产党和我国社会的优良传统和政治优势。我国自古以来注重伦理传统和以德治国，特别是在市场经济条件下，在顺应道德潮流的同时，思想政治教育向全党、全社会提出了德治与法制相结合的治国方略，也向高校中的思想政治教育工作者提出了更高的要求。对一个国家的治理来说，法制和德治，从来都是相辅相成、相互促进的，二者缺一不可。法制属于政治建设，属于政治文明，德治属于思想建设，属于精神文明。二者范畴不同，但其地位和功能都是非常重要的。这一定义明确了我国思想政治教育工作的目标和方向，突出了我国思想政治教育的基础性地位。面对经济全球化的趋势，如何开展思想政治教育，保证社会的进步和发展是一个值得思考的问题。在发展思想政治教育的社会大环境下，以育人为本的校园建设中，更要贯彻和落实思想政治教育。中央16号文件指出"学校教育，育人为本，德智体美，德育为先"。这一文件进一步明确了思想政治教育在高校人才培养工作中的地位和作用。

2. 思想政治教育在大学生社会责任感培育中的作用

第一，思想政治教育可以引导学生形成正确的理想信念，树立正确的人生观、价值观。

我国高校的发展目标是培养有理想、有道德、有文化、有纪律的"四有"新人。而完成这一目标不是一蹴而就的，它需要长时间的反复教育才能确立。而已经确立的理想信念，也需要通过反复的教育—实践—再教育进行稳定，否则在外界的影响下，可能动摇或改变。思想政治教育的核心任务是要帮助人们形成科学的世界观、人生观、价值观以及道德原则和行为规范等，在这个总任务下，高校进行思想政治教育既要根据学生的实际情况和个性特点，使目标的确立具有针对性；又要根据学生的理想，适当引导向高层次的目标转化，使目标转化和追求具有超越性。

第二，思想政治教育是引导学生全面发展的需要。

人的全面发展指人的智力和体力的充分、统一的发展，同时也包括人的才能、志趣和道德品质的多方面发展。思想政治教育是通过提高学生的思想政治

素质来培养学生的，在发展过程中它不仅引导学生树立正确的理想信念，而且直接影响到学生智力和体力的发挥程度。

"人的全面发展"是马克思主义的基本原理之一，也是我国教育方针的基石。在顺应时代发展的过程中，引导学生的全面发展就要按照人的属性，实现物质与精神、智力与体力的全面发展。思想政治教育在作用于提高学生的思想素质的同时也要促进学生的科学文化素质的提高。

第三，思想政治教育促进学校创新型人才的培养。

所谓创新型人才指富于开拓性，具有创造能力，能开创新局面，对社会发展做出创造性贡献的人才。随着知识经济的到来，我国实施了人才强国战略，建设自主创新国家成为我国的奋斗目标，而创新性人才的培养尤为重要。高校的思想教育对创新性人才的培养具有重要的作用。

首先，创新型人才需要有坚忍的创新意志。坚忍的意志源于崇高的人生理想和目标。而思想政治教育的导向作用正是树立崇高的理想和目标。只有具有崇高理想和目标的人，才能在困难和挫折面前不为所动。思想政治教育在创新型人才意志方面的培养具有重要的作用。其次，创新型人才要树立科学的世界观、人生观和价值观。要培养创新型人才就要有科学的世界观做指导，科学的世界观对处理人与世界的关系，形成科学的方法论有决定性的作用。世界观教育的核心就是掌握马克思主义基本原理，树立马克思主义的世界观。而人生观和价值观则决定了创新型人才选择什么样的人生行为。在社会转型时期，树立科学的世界观、人生观和价值观对创新型人才的培养具有重要作用。最后，创新型人才需要有超前的创新思维。创新思维是创新的基本前提，创新型人才只有具备思维方式的前瞻性、独创性、灵活性等良好思维品质，才能保证在对事物进行分析、综合和判断时做到独辟蹊径。

培养创新型人才必须挖掘学生的潜能，调动学生的学习积极性，这样才能实现其价值。思想政治教育在育人的功能下，也具有开发潜力的功能，即最大限度地发挥人的主观能动性和发掘人的内在潜能。由于人的能动性不可能自发地完全释放，而要通过外力的作用最大化的发掘潜能，因此，在培养创新型人才的同时，要发挥思想政治教育对开发大学生潜能的作用。

（三）大学生社会责任感的培育对思想政治教育的促进作用

理论源于实践，实践检验提升理论。大学生树立了社会责任感，反过来又有助于高校进行思想政治教育。因为大学生具有高度的社会责任感后，对他人、对高校、对社会、对国家都会有一个崭新的认识和责任意识，大学生会承担起该有的社会责任，有利于和谐高校、和谐社会、富强国家的建设。这样，高校在进行思想政治教育时，才能引起大学生的共鸣，才会有利于大学生的全面发展，有利于大学生成长成才。

通过大学生社会责任感的培育活动的开展，可以让学生了解国情、体察民情、分析社会的需要，发现自身的不足，促进高校思想政治教育的课程教学改革，能较大地提高思想政治教育的教学实效，较好地解决了教学中存在的理论不能结合实际的现状，使学生从责任感培育过程中懂理论，有助于青年学生坚定中国和谐社会建设的信念。

因此，培养大学生的社会责任感与思想政治教育具有密不可分的关系，两者概念虽有区别，范围一大一小，内容一多一少，但两者的本质属性相同，出发点和落脚点相同，目的相同，两者相互促进、相互结合、共同为大学生的健康成长保驾护航。

二、思想政治教育中大学生社会责任感培育的原则及意义

（一）思想政治教育中大学生社会责任感培育的原则

思想政治教育的原则是指进行思想政治教育过程中必须遵守的准则。社会责任感的培育是思想政治教育的内容，在高校进行责任教育的过程中，处理各种矛盾和关系也需要遵循一定的方法和原则。这些方法和原则是高校顺利进行责任教育的保障，并且始终贯穿于责任教育。

1. 以学生为本的原则

以人为本，是科学发展观的核心，是新时期高校开展教育工作的核心所在。教育原则和教育理念贯彻教育活动的始终，而"以学生为本"的教育理念就是发挥教育者的主体性，在教育过程中要尊重学生、理解学生，顺应时代的要求，思想上与时俱进，实时提炼出反映新时期的教育内容，并善于选择多样的教育方法，理论结合实践，充分调动受教育者的主观能动性，培养受教育者的创新意识。同样受教育者也是主体性的存在。在教育过程中，不是只有教育者的"独角戏"。只有教育者和受教育者的良好互动才能达到期待中的教育效果。受教育者的反应对教育活动有着直接的影响，其只有对施教者、教育目的、教育理念认同，才能自教自律，充分发挥自己的主观能动性，使整个教育过程呈现良好的发展状态。"以学生为本"对大学生思想政治教育体系的构建有着重要的意义。

首先，"以学生为本"符合时代发展的特征。随着全球化的发展，我国的高等教育遭遇到全新的机遇和挑战，高校的扩招使学生的质量迅速下降，他们脱去"天之骄子"的光环，穿上了"高学历民工"的外衣。面对如此情况，高校在人才培养中，应注重大学生创新能力及综合素质的培养，同时要树立高尚的道德素质和正确的人生观、价值观。

其次，"以学生为本"的思想有利于调动师生的积极性和创造性。在高校坚持以学生为本的原则，明确了教育者和受教育者的主体地位，有利于调动学生的主观能动性和创造性，培养更多的综合型人才和创新性人才。

最后，以学生为本是教育体制改革的必经之路。我国过去的高校教育是免费的，并且毕业后由国家安排工作，学生是没有自主性的。经过教育体制的改革，学生从择校到择业都需要自主选择，选择自己感兴趣的专业，选择喜欢的课程，最后选择自己喜欢的职业，这些都体现了"以学生为本"的原则。因此学校里的管理者也应该转变观念，为学生负责，教育者应该最大化地挖掘学生潜能，提高学生的创新能力，以全面发展作为培养学生的目标。

2. 理论教育与实践教育相结合的原则

马克思主义认为，实践是理论的源泉、目的、发展动力和检验的唯一标准。理论源于实践，并接受实践的检验。思想政治教育主要是一种理论教育，但它的价值却体现为一种实践价值。理论联系实际是教育的基本原则，更是思想政治教育的主导原则。对大学生的社会责任感的培养仅仅依靠课堂教学是远远不够的，我们应引导大学生深入社会、了解社会、服务社会，促使他们在不断的社会实践中发展和完善责任意识。当代中国处于改革开放和社会转型的关键时期，高校思想政治教育必须重视政治理论教育，增强大学生的责任观念和责任意识，使他们树立正确的人生观价值观。面对社会实践发展的挑战，思想政治教育又必须结合实践进行发展，以增强理论的实践参与能力，丰富思想政治教育的理论成果，使其更好地作用于社会实践。

3. 以学生为主体的原则

所谓以学生为主体的原则，即在开展以大学生为主体的思想政治教育的过程中，发挥大学生的主体功能。在中国古代有着师道尊严的教育传统，教育者和被教育者之间有着不可逾越的鸿沟。《荀子·礼记》中指出，"君师者，治之本也"，《礼记·学记》中云，"凡学之道，严师为难。师严，然后知道尊。道尊，然后民之敬学"。由此可见，古代的等级观念贯穿于教育始终，对于广大的民众而言，教育是没有主体性的。随着教育的不断改革，学生的地位和被关注度越来越高，在思想政治教育过程中，教育者和受教育者是平等的，受教育者是具有独立自主、主观能动性的主体。

我们应使受教育者与教育者平等互动。在现代社会，受教育者作为主体存在于思想政治教育过程中，他们具有独立意识，注重个人价值的实现，他们与教育者是平等的。在信息网络发达的今天，教育者与受教育者处在同一平台，受教育者所接受的知识并不局限于课堂教学。受教育者有较强的认知和评判能力，他们的思想会影响教育者。

我们应坚持教育与自我教育相结合。在思想政治教育过程中，既要充分发挥学校教师、党团组织的教育引导作用，又要充分调动大学生的积极性和主动性，引导他们自我教育、自我管理、自我服务。面对复杂的社会环境，教育者不能单纯地引导受教育者的行为，而是需要分析判断事情的性质，然后进行吸收和改造，最后外化为行为。

4. 优良传统与改进创新结合的原则

正确发挥思想政治工作的作用历来是我们的优良传统，是我党的一切工作坚持正确发展方向的可靠保障。但是对于继承优良传统，我们不能墨守成规，全盘继承。由于时代的变化，我们要顺应潮流，在继承中进行创新。创新是国家发展的动力，是民族繁荣的灵魂，同样思想政治教育的目的也是为了培养创新型人才。没有创新就没有发展。

在继承党的思想政治工作优良传统的基础上，我们应积极探索新形势下大学生思想政治教育的新途径、新办法，努力体现时代性，把握规律性，富于创造性，增强实效性，只有这样，思想政治教育工作才能不断地发展。

5. 教育与管理结合

思想政治教育作为一门学科，涵盖了目的、本质、作用等诸多内容，其中思想政治教育管理发挥着非常重要的作用。思想政治教育管理保证了教育功能的发挥和教育目的的实现。通过管理，可以使大学生遵守高校的校规校纪，便于高校教学秩序的正常进行。通过教育，可以使大学生从心理上接受高校的管理和准则，大学生作为教育客体也才能配合教育主体的教育行为。所以管理是为了规范和开展教育，教育反过来又促进管理的提升。江泽民在强调道德教育与管理的密切关系时指出，要把基本道德观念的要求融于有关的法律法规和各项具体政策中，融于社会的各项管理中。

由此可见，我们把思想政治教育融于学校管理之中，让管理规范大学生，让教育提升大学生，使两者共同建立起一个长效工作机制，使自律与他律、激

励与约束有机地结合起来，有效地引导大学生的思想和行为，更好地培养大学生的社会责任感。

（二）思想政治教育中大学生社会责任感培育的意义

思想政治教育对大学生社会责任感的培养，主要是通过高校思想政治理论课，利用马克思列宁主义、毛泽东思想、邓小平理论、"三个代表"重要思想、科学发展观以及习近平新时代中国特色社会主义思想，采取心理教育、道德教育、责任教育、素质教育等多种教育手段，采用课堂教学、社会实践等多种形式，对大学生进行社会责任感的培养，其对大学生的成长、成才具有重要的意义。思想政治教育中大学生社会责任感培养的意义则主要是从大学生的社会责任感方面出发，在明确大学生社会责任的基础上，研究大学生社会责任感的培养对大学生的意义，这主要包括对大学生自身、对大学生身边的同龄人、对大学生家庭、对高校、对社会以及对国家的意义。

1.社会责任感培育对大学生自身的影响

近年来，高校大幅扩招，越来越多的年轻人走进了象牙塔，而随着就业形势的愈加严峻，大学生越来越难找到合适的工作。就业竞争的加大，使得大学生更加推崇实用主义，而高校愈演愈烈的商业化校园趋势，也使得大学生变得更加浮躁，单纯追求自我利益最大化，不愿意承担过多责任，甚至害怕和逃避责任。因此，思想政治教育中大学生社会责任感培养的首要意义就是针对大学生自身。

我们知道，社会责任感的表现就是一个人对国家法律和道德规范的遵守、对他人文化习俗的尊重、对自身家庭责任的承担、对社会义务的履行、对自我诚信的贯彻等。社会责任教育是人全面发展的本质要求，大学生社会责任感的培养对大学生而言，不但可以提高大学生的社会责任意识，还让大学生成为一位遵纪守法的好公民，一位懂得礼仪规范的好孩子，一位拥有责任、诚信意识的好青年。

在现代社会，这些品质既有利于大学生正确处理和开拓人际关系，也有利于大学生更好地就业，因为这些品质正是大部分大学生缺少的，而又是企业所必需的。同时，大学生具备了社会责任感，也有利于大学生摆脱单纯享受的吸引，不再沉迷游戏和网络，而把大量课外的时间用于追求更加有价值的目标。从而大学生可以更好地完成自己的学业，更多地参与到社会实践中，能够站在别人的角度思考问题，更加专注和专一，成为一个真正有用的人。

2. 社会责任感培育对大学生亲情、友情的影响

一个有着坚定社会责任感的大学生，必不会在面对父母时"衣来伸手，饭来张口"，不做一点家务活，不体会父母的劳苦，必不会在亲戚、老师面前游手好闲、沉迷网络和游戏、无所事事、不懂尊重，必不会在朋友、恋人面前满口瞎话、"坑蒙拐骗"背叛友情，他们会分担父母的辛苦、体谅父母的难处、充满理想和抱负、关心呵护友情、满怀信心迎接未来。培养大学生的社会责任感，既是让每个大学生都懂得尊重和爱护感情，知道为他人着想，也是未来创造社会大环境的和谐的方法。如果校园里的每个大学生都具有高度的社会责任感，那么和谐校园的建设指日可待，高校也才是真正做到了育人职能。

社会责任感的培养对大学生亲情、友情的影响也体现在大学生良好品格的形成和健康心态的塑造上。大学生不再以自我为中心，不过度追名逐利，在与朋友和恋人相处时不斤斤计较，而是相互谦让，在不伤害他人的情况下有度追求自己的梦想和信念，这才是一名真正的大学生所应具有的高尚道德情操。

3. 社会责任感培育对高校、社会和国家的影响

中共中央在《关于进一步加强和改进大学生思想政治教育的意见》中提到，大学生是十分宝贵的人才资源，是民族的希望，是祖国的未来，加强和改进大学生思想政治教育，提高他们的思想政治素质，把他们培养成中国特色社会主义事业的建设者和接班人，对于全面实施科教兴国和人才强国战略，确保我国在激烈的国际竞争中始终立于不败之地，确保实现全面建设小康社会、加快推进社会主义现代化的宏伟目标，确保中国特色社会主义事业兴旺发达、后继有人，具有重大而深远的战略意义。

大学生社会责任感的培养有利于和谐高校、和谐社会的建立，有利于富强、文明国家的建设和中华民族的复兴，有利于大学生担负起时代赋予当代年轻人的任务和责任。我们知道，培养大学生社会责任感是构建和谐社会的需要。和谐社会要求每个公民包括大学生都要具有高度的社会责任感。没有社会责任感的社会，根本谈不上是和谐社会。而大学生作为和谐高校、和谐社会的重要力量，直接影响构建和谐社会的成败。同时，在实现中华民族伟大复兴的过程中，大学生作为社会主义事业的建设者和接班人，同样发挥着重要的作用，因而，如果大学生不具备社会责任感，那么和谐高校、和谐社会只能变为空谈，中华民族的复兴也只能渐行渐远。

面对现代社会国际国内形势的深刻变化，高校思想政治教育既面临有利条件，也存在严峻挑战。在贯彻落实党中央国务院构建社会主义和谐社会以及振兴中华民族的战略决策，特别是在认识到思想政治教育中对大学生社会责任感培养的意义后，培养大学生的社会责任感作为思想政治教育的基本内容和大学生全面发展和健康成长的动力，加强和改进大学生思想政治教育工作已变成一项非常紧迫的重要任务，急切需要找到大学生社会责任感培养的途径和思路。

三、思想政治教育中大学生社会责任感培育的策略

大学生社会责任感培育是高校思想政治教育的重要内容之一，在目标方向上与思想政治教育相一致，两者相互作用，相互促进。当前我国高校教育多注重课业的学习，对大学生的社会责任感的培育重视不足，缺乏理论指导和实现途径，导致部分大学生人生观、价值观偏离社会主义道德规范，不利于我国和谐社会的建立和个人的全面发展。因此，各高校应该把培育大学生社会责任感作为思想政治理论课、形势政策课、学生课外实践活动的重要内容，把培养高素质全能型人才作为目标，这样才能为社会主义现代化建设培养合格人才，这也是大学生社会责任感培育的思路和途径。

（一）思想政治教育中的大学生社会责任感培育的思路

大学生社会责任感是大学生个体认识社会责任、履行社会责任的态度。社会责任感是在个体社会实践过程中逐步形成的，是一个人的世界观、人生观、价值观在社会中的具体体现。正确的社会责任感不是自发形成的，而是需要正确的理论指导，通过正确的方法，个体不断努力才能树立起来的。对大学生社会责任感的培养，离不开教育的作用，当然也离不开社会环境的制约。社会大环境很重要，因为社会环境是社会上某种风气形成的重要因素，所以社会责任感的建立不仅是个体的事情，还需要全社会的努力。如果周围的人都没有社会责任感，又怎么能要求个体有社会责任感呢？同样，在大学里，社会责任感的培育也不单是某一个大学生的问题，而是全体大学生都要思考和解决的问题，是大学生都要树立和拥有的一种责任意识、一种义务能力，因此，在大学生社会责任感培育的过程中，我们既要从大学生自身的角度和特点来寻找培养策略，也要发挥家庭、高校和社会的作用，从法律和道德规范的角度出发，普及大学生正确的价值观、人生观、世界观教育，根据思想政治教育中对大学生社会责任感培育的途径，采取多种形式，社会、高校和家庭总动员，一起为培育起大学生社会责任感寻思路、找方法。

1. 家庭教育、社会教育、高校思想政治教育三者有机结合

在中国，家庭教育是第一位教育，家长是孩子成长过程中的第一位老师，

重视亲情是中国传统文化的一大特点，加上现在家庭多是独生子女，家长对孩子的溺爱可以说较之以往更是有过之而无不及。父母对子女的责任心出现"超重"的现象，也就是说父母承担了太多原来子女该承担的而不应该由他们来承担的责任，比如在家里不让子女做饭、干家务活，子女要什么就一定要买什么，有的高校还出现父母在学校旁边租房陪子女读书的情况。与之相对的是，子女在责任意识方面明显"失重"，过惯了"饭来张口，衣来伸手"日子的"公主""王子"们在生活中习惯了接受，不懂得付出。许多大学生自幼就没有回报他人的实践，缺乏生存的基本技能，更谈不上对家人的关心和责任感了。因此，在大学里进行社会责任感教育已迫不及待，家长也要承担起相应的职责。父母应该学会给自己减负，争取做到不溺爱、不越位、不错位，当然更不能不到位，要让子女学会考虑作为父母的难处，让子女从参与基本的家务活做起，要让子女学会付出自己的爱心，不要认为凡事都是理所当然。家长应教育子女学会站在别人的角度考虑问题，培养他们的独立意识、责任概念，让他们懂得付出才会有回报的道理。这样，子女才能拥有健康的心态、敢于担当责任的胸怀。

我们常说"学校是一个小染缸，社会是一个大染缸"，大学生社会责任感的培养是一个系统工程，需要国家政府机构、相关组织、媒体等全社会为此做出努力。既然社会是个大染缸，国家政府机构、相关组织、媒体等就要优化社会环境，进行社会教育。早在 2004 年 9 月，党的十六届四中全会通过的《中共中央关于加强党的执政能力建设的决定》，就第一次鲜明地提出和阐述了"构建社会主义和谐社会"这个科学命题，并把它作为加强党的执政能力建设的五项任务之一提到全党面前。建设社会主义和谐社会就是党在优化社会环境上做出的努力，是要建成一个民主法治、公平正义、诚信友爱、充满活力、安定有序、人与自然和谐相处的社会，只有在这样的社会中，我们每个人才能更好地担当自身的社会责任、履行自身的社会责任。此外，政府和媒体还要加强网络舆论的引导，要倡导正确的、主流的价值观和社会责任感，对负责任的行为给予广泛的宣传和表彰，充分发挥榜样的示范和感化作用，引导和激励人们去履行自己的职责；对不负责的行为给予强烈谴责和批评，形成一种舆论力量和道德体系，从而营造履行社会责任受尊敬、不履行责任受鄙视的社会氛围，让大学生感受到现今是一个讲求社会责任的社会，进而对大学生树立社会责任起到催化作用。

高校思想政治教育除了对大学生进行人生观、世界观、价值观的教育外，还要切实加强校园文化建设和高素质师资队伍建设，开展深入细致的思想政治工作和心理健康教育，努力解决大学生面临的实际问题，充分发挥党团组织在大学生思想政治教育中的重要作用，真正使思想政治教育既要教育人、引导人，又要关心人、帮助人。

家庭教育、社会教育与高校思想政治教育相辅相成，缺一不可。家庭教育作为大学生的第一位教育和前期教育，对大学生性格、责任意识的形成起到启蒙作用。社会教育作为高校思想政治教育的辅助教育和后续教育，对大学生社会责任感的塑造有着重要的影响。只有把三者有机统一，做到家庭教育配合、社会教育协助、高校承担主要教育职责，努力营造大学生思想政治教育工作的良好社会环境，才能让大学生真正具有社会责任感。

2. 强化高校思想政治教育对大学生社会责任感认知的作用

大学生社会责任感的培养是一个由低到高、不断升华、不断强化的过程，需要在内容和目标上体现以个体认知为先导，具有由浅入深、由远及近、由感性到理性、由表及里、由对自身负责到对社会负责的递进性和层次性的特点，其中增强大学生的社会责任认知能力是增强其社会责任感的首要切入点，要通过不断增强大学生的社会责任认知能力，促进其理解社会责任感、建立社会责任感。

（1）进行理想信念教育

在大学生的入学教育和低年级的教育中，要着重进行人生观和理想教育，通过加强马克思列宁主义、毛泽东思想、邓小平理论、"三个代表"重要思想、科学发展观以及习近平新时代中国特色社会主义思想武装大学生，深入开展党的基本理论、基本路线、基本纲领和基本经验教育，开展中国革命、建设和改革开放的历史教育，引导大学生树立正确的人生观、世界观和价值观，树立共产主义远大理想，激励和引导大学生通过努力以实现自己的人生目标的同时，让他们明确意识到大学生在我国社会主义建设事业中肩负着重大的历史责任。大学生应肩负全面建设小康、构建社会主义和谐社会的历史使命和社会职责，感受"天下兴亡，匹夫有责"的壮烈和"先天下之忧而忧，后天下之乐而乐"的情怀，正确认识社会发展规律，认识国家的前途命运，认识自己的社会责任。

在当今中国这样一个多元化的社会里，由于利益主体、经济成分、利益关系等呈现多样化的特征，人们（包括大学生）的价值观念也同样呈现出多元化的特点。这就要求高校思想政治教育必须始终如一地坚持以集体主义道德为核心的道德价值导向的作用，加强大学生的人生观、世界观、价值观教育，以便引导大学生的价值取向，使他们能够处理好个人利益与社会整体利益之间、权利与义务之间的关系。同时，高等教育对于禁止什么、提倡什么要有明确的态度，对于社会上出现的消极腐败现象应当予以揭露和反对，让每个大学生都明白反对消极腐败现象是自己所应承担的社会责任。

（2）加强形势政策教育和爱国主义教育

要提高大学生的社会责任感，就必须加强大学生的形势政策教育，积极引导大学生深入社会和了解社会。中共中央国务院在《关于进一步加强和改进大学生思想政治教育的意见》中明确指出，形势政策教育是加强大学生思想政治教育的重要内容与途径，担负着大学生思想政治教育的重要使命，具有不可替代的作用。《关于进一步加强和改进大学生思想政治教育的意见》中强调，要建立大学生形势政策报告会制度，定期编写形势政策教育宣讲提纲，建立形势政策教育资源库；国家机关和地方党政负责人要经常为大学生做形势报告；学校要紧密结合国际国内形势变化和学生关注的热点、难点问题，制订形势政策教育教学计划，认真组织实施。此外，我们还应深入开展爱国主义教育，培育大学生团结统一、爱好和平、勤劳奋斗、艰苦朴素、自强不息的精神，注重民族团结和平等，树立中华民族的自尊心和自豪感，与时俱进，培养大学生为国、卫国的爱国主义情怀。

形势政策不仅仅是国家法规制度的制定、颁布和实施，还应该是社会热点问题的有效应对和解决。通过对大学生进行形势政策教育，可以让大学生认识到国家在承担责任方面所做出的努力，认识到国家在制定政策和法规制度方面的出发点和落脚点，认识到国家在处理社会热点、难点问题时考虑的方向，这样才能理解政府的角色作用，也才能持续关注社会存在的问题，从而有利于大学生树立强烈的责任意识和为共产主义而奋斗的信念。

（3）深入开展公民道德教育和素质教育

2001年，中共中央颁布了《公民道德建设实施纲要》并指出，社会主义道德建设是发展先进文化的重要内容，必须在加强社会主义法制建设、依法治国的同时，切实加强社会主义道德建设、以德治国，通过公民道德建设的不断深化和拓展，逐步形成与发展社会主义市场经济相适应的社会主义道德体系。公民道德教育与素质教育一脉相承，两者相互协调，因此，在对大学生进行社会责任感教育时，要把两者结合起来。

中国作为历史古国，拥有悠久的传统文化，公民道德教育和素质教育与中国优秀传统文化紧密相关。而中国传统文化的核心是强调为社会、为民族、为国家、为人民的集体主义思想，这其中包含着强烈的社会责任感的思想。我国的优秀传统文化对抵制市场经济的负面影响和西方不良思想有积极的作用。高校应向大学生充分展示中国优秀传统文化的精髓，强调以为人民服务为核心、以集体主义为原则、以诚实守信为重点，逐步引导大学生自觉遵守爱国守法、诚信待人、敬业奉献的基本道德规范，修订并完善大学生日常行为准则，加强人文精神和素质教育，加强对团队合作精神和乐于奉献精神的学习，引导大学生从身边的事情做起，从具体的事情做起，着力培养良好的道德品质和文明行为，并成长为有理想、有道德、有文化、有纪律的社会主义"四有"新人。

诚信教育是道德教育和素质教育的一部分，我们尤其要注意加强大学生的诚信教育，因为诚信对于每个社会成员而言，是立身之本、处世之宝。大学生作为天之骄子，是社会精英的一部分，掌握着为社会服务的工具——知识，但是光有知识是不够的。要真正做个对社会有所贡献的人，还必须以正确的价值观作为指导。

（4）注重对大学生进行情感教育和感恩教育

有些大学生之所以缺乏社会责任感，是因为大学生把自我价值的实现和社会整体利益的实现对立了起来，他们认为，如果追求社会整体利益，那么个人价值的实现就必定会受到影响。事实上，个人价值的实现离不开社会整体利益的发展。如果没有社会整体利益的发展，没有生产力的大幅提高，没有生产关系的大幅完善，没有精神文明的大幅进步，就不可能有个人价值的实现。情感教育的目的就是让大学生懂得个人的成长对自我的影响、对家庭的影响、对高校的影响、对社会的影响，最终懂得承担社会责任是实现自我价值的必由之路。这里的情感教育是指通过亲情、爱情、友情、人情等情感的教育，让大学生知道社会上的每个个体都与其他成员有着千丝万缕的联系，每个个体都担任着不同的社会角色，承担着相同或不同的社会责任。感恩教育可以使大学生认识到自己的所作所为可能对他人产生影响，从而树立起自身的社会责任感。

报恩家庭、报效祖国、报答社会是大学生履行社会责任的重要内容，对于大学生来说，他们既要回报父母的养育之恩，又要回报祖国的培育之情，然而，大学生的感恩之情不能仅仅停留在情感方面，还要更多地体现在其对家庭、对祖国和社会的责任感方面，并使这种责任感转化为自强不息掌握本领的学习动力。因此，我们既要把情感教育和感恩教育有机结合起来，又要注意它们之间的区别。

实践证明，学生的情感调控对包括社会责任感在内的各种心理品质和能力的培养有直接影响。通过情感教育，大学生应认识到自身完成大学学业既是对教师和高校的尊重，也是对自己、对家庭和对亲情的交代；自身专心专一既是对爱情的忠诚，也是对伴侣、对自己未来婚姻的负责；自身诚实守信既是对兄弟情深的责任，也是自己成长、为人处世的安身立命之本。在进行情感教育时，我们应尽量结合实际案例，用事实说话，让大学生在接受情感中认识到他人对自己的帮助，家庭和社会对自己的帮助，学会感恩，并塑造健康的人格。我们应引导、启发大学生发现和完善自己，形成自己良好的、丰富的、健康向上的情感。同时，情感教育可以与心理教育相结合。高校应加强心理健康教育、咨询和辅导，以利于学生良好心理素质的养成。

（5）对大学生进行自省教育

自省，是指从思想意识、情感态度、言论行动等各个方面去深刻认识自己、剖析自己。它既是一种自律的心理，又是一种自我陶冶的精神。通过自省，大学生可以反思自己的言行，进行自我评价，知道什么是善，什么是恶，明确哪些事应当做，哪些事不该做，从而及时调整自己的行为，增强自己的社会责任感，使自己得到不断发展和完善。

自省教育，旨在发挥人们的主观能动性，提高自己履行道德准则和社会责任的自觉性。培养大学生的社会责任感仅通过外部教化是远远不够的，还需要靠大学生自身的努力。改革开放以来，国门大开，在引进国外先进科学技术的同时，资产阶级的人生观、价值观和生活方式也不可避免地乘机而入，影响和侵蚀着一部分包括大学生在内的人们的思想。大学生如果不认真检查自己的言行，不进行及时的反思，那就有可能影响自己正确履行社会责任。

马克思主义中讲过"外因通过内因起作用，内因起主要作用"。大学生社会责任感的形成，主要在于自身的自我认识、自我反省、自我学习和自我评价，大学生必须把外在的教育和责任要求转换为自身的素质和能力，切实认识到拥有高度社会责任感的好处和优点，内化为自我的一部分，自觉提高自身的社会责任感，并以社会责任为动力化作自身的实际行动，把自己锻炼成为对人民、对社会有用的人。因此，进行自省教育，能让大学生不断矫正自己前进的方向，加强自我学习，注重自身健全人格和健康心态的培养，保持自己乐观向上的生活态度，打好履行社会责任的基础。

3. 加强高校校园文化建设和师资队伍建设

高校在培养大学生社会责任感上，必须从学习到生活、从教育到教学、从管理到服务全方位地营造一种负责的氛围。校园文化和环境直接关系到大学生的健康成长。高校作为社会主义精神文明建设的主阵地，应充分发挥环境在社会责任感培养中的重要作用，注意大力开展丰富多彩，喜闻乐见，形式多样，积极向上的学术、科技、文化、体育、娱乐与社会活动，为学生的成人成才提供优质的服务。

思想政治教育队伍是加强和改进大学生思想政治教育的组织保证。由于大

学生社会责任感培养的主体是教师，大学生社会责任感的有无及其强弱与高校教师呈现正相关，如果教师在承担社会责任方面能够率先垂范，对大学生社会责任感的形成将具有潜移默化的作用；如果教师自己推卸和不能承担相应的社会责任，那么也必然会对大学生社会责任感的形成产生非常不利的影响。因此，高校必须建立起一支高素质的思想政治教育工作队伍，紧紧依托党政干部和共青团干部、思想政治理论课和哲学社会科学课教师、辅导员、班主任和导师，做好思想政治教育工作队伍的选拔、培养和管理工作，制定完善有关规定和政策，明确职责任务和考核办法，把提高思想政治教育队伍素质作为重点来抓，首先使教师具有高度的社会责任感，这样才能形成教书育人、管理育人、服务育人的良好氛围和工作格局，也才能培养出具有高度社会责任感的大学生。

因此，要利用高校思想政治教育的优势，在利用课堂教育、社会实践、校园文化建设和社会环境建设的基础上，对大学生进行多种教育，培养和提高大学生社会责任的认知能力，使他们认识到责任是具有广泛的政治、社会、道德内涵的，认识到责任就是一种义务，每个公民都有作为或不作为的义务，并要求他们对自身的所作所为承担行为责任。同时，要改进教育方法，增强教育效果，让大学生体验自己与他人及社会的关系，切实感受到时代赋予新时期大学生的社会责任，从而萌发责任动机，自觉履行自己的责任，并在此基础上，追求更高的道德目标，做一个爱国爱民、诚实守信、知行合一、道德高尚的人，具有高度的社会责任感，成为对家庭、对高校、对社会、对国家有用的人，成为我国社会主义事业合格的建设者和接班人，并担当起现代化建设和构建社会主义和谐社会的重任。

（二）思想政治教育中大学生社会责任感培育的途径

美国一部著名电影《蜘蛛侠》中也有这么一句名言——能力越大，责任就越大。历史上有无数事实说明了这一真理：越是具有高智商、高学历的人才，越要具有社会责任感。调查显示，在我国被揭发的高技术犯罪率逐年递增，网络技术在中国的迅猛发展，也使得欺诈、盗窃罪犯瞄准的目标从企业、政府机关移向普通百姓，从而引起社会各界的重视和警惕。同时，近些年，"高学历犯罪"成为一个高频词汇。是什么原因导致这些高学历、高智商的人走上不归之路？除了个人原因外，我们更要反思的是教育的问题。大学在进行思想政治教育时有没有把社会责任感作为培养大学生的一项"指标"？有没有注重对大学生社会责任感的培养？这些问题，也是我们应力求解决的问题。那么如何利用思想政治教育对大学生社会责任感进行培育呢？笔者认为，大学生社会责任感的培育既需要高校教师的言传身教，也需要适应现代社会和大学生的特点创新多种形式。

1. 提高大学生认知水平

从前文得知，认知水平的片面性是大学生社会责任缺失的内部原因，因此，在对大学生进行社会责任感教育时，要注重提高大学生的认知水平，完善大学生的自我教育，让大学生在日常的学习和生活中逐步使自身的情感、心理和思维成熟起来，正确认识和评价自己。首先要培养大学生的主动成才意识。高校要发挥教育主阵地的作用，开展讲座、经验分享会等各种活动激发大学生的成才意识。再者，增强大学生的奉献牺牲精神，要教育大学生在处理个体及集体的利益关系问题上，个体利益要学会服从并服务于集体利益。高校要创造条件让大学生多参与公益活动，使大学生在服务他人的过程中增强自身的奉献精神和服务意识。因此，我们要全面提高大学生的认知水平，引入竞争和服务机制，加强奉献教育，让大学生在主动参与竞争、主动学习、主动成才的同时，重新树立起"舍己为人"的传统观念，用知识和能力去服务社会、服务大众。

2. 净化社会环境

思想政治教育在担负教育作用、提高大学生认知的同时，也承担着净化社会环境的作用。大学生社会责任感的培育不单单是高校的义务，还需要全社会的共同合力。政府相关机构应加强对传媒的监管，引导舆论的正确导向和正面作用，传递传媒工作者的正能量。此外，高校在开展思想政治教育工作时，还要帮助大学生树立坚定的、正确的世界观，让大学生在众多的信息中自觉抵制市场经济的负面影响和西方腐朽文化的渗透，积极为大学生社会责任感的培育营造健康向上、文明正气的社会环境。

3. 完善教育形式和内容

完善教育形式和内容一方面要注重教师教授，从授课内容上注重对大学生社会责任感的培育，贯彻以学生为本的原则，发挥学生在责任教育中的主体性作用，有针对性地进行教育教学；另一方面就是完善教育形式，多种教育形式相结合，理论与实践相结合，重视多种形式的激励，有序引导大学生全面发展。

4. 加强社会实践

社会实践不单单是对课本理论的补充，还是高校与社会相连接的桥梁，有利于大学生从高校一员变为社会上一分子，便于高校大学生更好地认识社会，更好地认识到不同人群、不同职业在社会中所扮演的角色、所承担的职责，对于大学生认识到自身需承担的社会责任、怎样承担社会责任有重要的作用。社会是所大学校，它必定能成为培养出大学生的社会责任感的第二个重要的途径。大学生课余时间较丰富，每年又有寒暑假，因而除了在课堂中多加普及社会责任教育外，还要加强在大学生社会实践中的社会责任教育，利用大学生节假日多和社会实践的真实性特点，让大学生积极走出校门，从而让大学生更加真切地感受到社会责任的重要性。

学校可以利用节假日、周末以及寒暑假等组织大学生走出去，比如，在每年暑假安排大学生到贫困地区进行"三下乡"活动，体验落后地区人民的生活；组建大学生志愿者服务队，利用周末和节假日时间组织大学生到养老院、聋哑学校、心理学校等机构做服务，或者组织大学生在当地开展社会服务工作；组织大学生参加所在城市的大型赛事的志愿者服务，让大学生感受不同的生活，把社会责任概念在服务的过程中"埋藏"在大学生的心里。当然，社会实践的形式还有很多种，比如去企业实习、去徒步旅行、去参加义卖、去为贫困地区的人民募集捐款、去山村义教等。高校不但要做好实践渠道的沟通安排工作，还要结合不同的社会实践制订不同的社会责任培养方案，让大学生不但可以学到有利于自身发展的实践知识和动手能力等，还能够知道自己肩负的各种社会责任，并通过这种深切的体会，把社会责任意识切实与自己的成长、成才结合起来。

社会实践既是把理论知识应用到实际的一个过程，也是践行社会责任感的一种实际活动。社会责任感的形成过程是认知、行为与情感三个方面的有机结合，而把这三个方面联系在一起的行为就是实践。通过社会实践，青年学生不仅可以磨炼意志，还可以砥砺品格。虽然学生学习理论知识很重要，但能把理论应用于实际更为重要。社会实践是一个大课堂，通过这个课堂，大学生既可以了解社会、认识社会、深入社会，也能够据此了解社会发展的主流和本质，认清社会发展的趋势和发展方向。在进行社会实践的过程中，大学生应摆正自己的社会位置，从而可以更好地强化自身的责任感和使命感。这对于大学生很好地理解理想和现实之间的"误差"也有促进作用，可以让他们在理想与现实的天平中找到适合自己的平衡之处。

第三节　国外大学生社会责任感培育策略经验借鉴

一、美国、德国、新加坡大学生社会责任感培育特色

（一）美国大学生社会责任感培育特色

美国对责任感研究得比较多，是现当代公民教育理论研究起源的地方，有很多学派和学校社会实践，对其他国家公民教育的影响甚为广泛。学校从不同方面对学生责任心的培养进行引导，一是增强学生们自我责任意识的教育，通过提高学生的自尊心和自信心，加强他们的自律意识和自身的修养，提高他们解决困难的能力；二是加强社会责任感的教导，增进学生对国家法律的认知，使他们明晰自己的职责和义务，自觉承担应有的社会责任。同时开设多元课程丰富学生的个人道德品质，推广通识教育提升公民责任认知，开展社区服务学习，督促公民责任行动，理论与实践相结合，培养学生的责任意识。学校通过学科教学普及强化对美国政治、经济等优越性的宣传，社会则通过宗教信仰、大众传媒、节日庆典等补充完善爱国主义教育，培养青少年对国家的认同感，激发他们的爱国主义热情。美国对青少年公民责任意识教育侧重于通过礼仪规范、家庭道德等体现美国国家主体意识形态和价值观念的道德准则来培育公民的个人道德品质。

（二）德国大学生社会责任感培育特色

德国在教育思想和制度上，对各国有较大的影响。德国比较重视群众的公民教育，以培育公民的爱国情操和国家自豪感作为责任教育的重要目标，主张教育学生习惯团体服务，在自觉参与、贡献的前提下，增进整体发展，经过协同劳作唤醒对一切行为都要负责的责任感，立足实践锤炼，造就他们的德行品格和各种能力。在大学时期，德国通过专业教育来培养学生的社会责任感，在道德教育上，则以讲授行为规范和优良美德为重点，并与社会实际生活相联系。德国近现代教育的基本理念和目标是培养品格完善、境界崇高的人才。家庭教育的理念是塑造完整的人格。"二战"后，德国人非常重视培养孩子的善良品质，认为良好人格品质的养成比知识的获取更为重要。因此，培养孩子仁爱、友善、宽容和承担社会责任等优良品质，是德国家庭教育的主要内容。在德国，公民教育应教育公民具有坚强的意志，具有宽容的品德，具有民主的思想，具有人

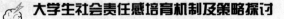

道主义的精神，具有科学人文的修养，具有高尚的信仰，强调公民的责任和义务教育、政治养成教育和伦理道德教育，培养学生反对错误的勇气和新的民族精神。在教育方式上，德国家长更是注重细节，如通过自己的身体力行来营造良好的家庭教育氛围，不放纵和溺爱孩子，引导孩子参与家庭劳动，让孩子学会关爱他人；教会孩子饲养小动物，鼓励孩子参与公益组织等，对孩子进行善良教育；定期带孩子到养老院等地，鼓励孩子为老人洗衣服、打扫卫生，对孩子进行怜弱教育。同时，在参与过程中，让孩子认识自己所承担的社会责任，了解自我实现的途径。在认知教育方面，德国人强调对孩子的教育应置身于与其息息相关的生态环境中，探索和了解万物。德国的教育界认为，让孩子与具体事物接触，孩子可以通过实践和具体感受积累直接经验。德国同时建立开放协同教育网络。德国家庭教育法使德国家庭、学校、社会形成了有效的教育合力，营造了良好的教育氛围。

（三）新加坡大学生社会责任感培育特色

新加坡一向注重提升国民整体素质，竭力加强公民品德建设，在接受和推崇我国儒家传统价值观的基础上，积极学习引进西方先进文化，形成了兼备东西方特色，又适合本国国情的公民教育体系。新加坡以国家意识教学、儒家伦理与道德教学、法制教学和家庭价值观教学为公民学习的主要内容，并明确提出了"国家至上、社会为先"的共同价值观。新加坡学校的公民教育以新加坡精神为底蕴，以《好公民》为教材，以"新公民学""公民与道德"为课程，通过日常行为规范教育、课外活动、社区活动，挖掘学生的潜力，培养他们成为良好的公民，让他们意识到对家庭、社区和国家的责任，为他们的学生生活、就业做准备。在培育方法上，新加坡充分发挥学校教育的主导作用，以精英教育增强大学生的公民责任，鼓励学生参加社区服务，以增强他们的责任感，同时也重视家庭环境教育和社会公共教育。新加坡高校注重大学生价值观塑造与价值判断选择能力培养，新加坡总理李光耀曾指出："一个社会有怎样的表现，是要看他有怎样的文化价值观。"新加坡在建国之初就颁布了《学校公民训练综合大纲》，开设公民与道德课程，开展公民教育与公民训练，强调爱国、效忠和公民意识的培养。

二、域外国家教育共性：注重社会责任文化教育

中国社会进入新时代，对外交往深度、广度、效度更加明显。大学生也要有新时代中国外交的参与意识，要有世界眼光，积极学习、借鉴国外一切优秀

文化成果，为我所用。因此，新时代大学生社会责任文化教育除了要积累经验外，还要借鉴国外社会责任文化教育中好的做法。

1. 国外社会责任的理论文化教育

国外社会责任的理论文化包括国外公民责任教育的自由理论文化、共和理论文化、社群理论文化等。自由理论文化提倡以公益为目的的积极自由，经济上的机会平等与经济福利高于个人的自由，国家干预要明智，主张平等的自由。共和理论文化强调国家统治的法治性、权衡性，政治制度的公共性、公平性，公民美德的正义性、崇高性。国外公民教育还注重公民美德教育，包括爱国主义教育、公益参与教育、公共精神教育等。社群理论文化主张个人在社群中的自由以个人对社群的义务为基础，并能在社群中获得奉献、利他、互助、正直等好品德，注重社群公民资格的认证和培养。可见，外国社群理论文化强调公民责任教育要通过社群政治参与实践活动来培养公民的社群认同感、归属感和责任感，做一名合格的社群公民。国外公民责任教育还注重公民不同文化、价值观的认同教育，培养他们的宽容态度。

2. 国外社会责任的实践文化教育

社会责任重在实践，在社会责任实践中形成的全部精神活动及其产品称为社会责任实践文化。美国高校一直重视大学生个体责任和社会责任的培养。美国学校的公民教育主要通过包含人类学、历史学、政治学、社会学等内容在内的"社会研究"这门综合课程来实施，旨在培养学生的独立实践意识和责任感，带有很强的政治教育性质，包括政府及其职能教育、美国民主政治教育、美国公民文化教育等方面。这种课程除了以《社会科课程标准：卓越的期望》为大纲，在主题课程理念指导下，朝着一体化、综合性、开放性发展外，还积极鼓励各种形式的社会实践。英国学校的公民教育主要通过宗教教育和道德教育的途径来进行，以"公民科""历史科"为核心课程，以"个人、社会与健康教育"为外围课程。这些课程基于这一认识："哲学是灵魂和主脑，它帮助人们树立基本的世界观和方法论，居于课程体系的核心位置，由此往外推及，依次分别是公民知识、公民意识、公民技能、公民德行和公民实践。"可见，培养全面发展的公民是英国公民教育的目标。法国学校的公民教育受到本国政治文化传统影响，由国家干预，注重"构建共同价值观念；强调推动学生道德认知、批判精神、个体与集体责任感的形成与发展"，同时，注重公民资格和人权的教育。其课程先后有"共和国公民的伦理与道德""公民爱国教育""公民道德教育""公民、法律及政治教育"等，采取的方法有差异教学法、辩论教学法、社会参与教学法等。可见，国外公民责任教育实践普遍注重课程设置的综合性、公民素质的全面性、实践活动的参与性、文化差异的理解性。

由于各国的国情和发展程度不尽相同，每个国家关于培育大学生的社会责任感都有自己的独特之处。西方国家虽然没有明确采用"德育"或"思想政治教育"的概念，但许多国家都把加强和改进道德教育作为教育改革的重中之重。国外对社会责任感的培育，大都寓于公民教育之中，教育模式贯穿于公民教育，教育内容多样化，实践载体丰富。通过德育教育的实践化、生活化，将学校德育重点转移到发展道德思维和培养道德能力上来。如，德国历来注重培养学生的德意志民族精神，这种精神主要表现在爱祖国、具有民族自尊心、爱劳动、为信念而执着追求等方面。在历史课、地理课、德语课的教学中，注重让学生学习德国的民族英雄和著名人物的思想，培养学生具有民族优良文化传统和高尚气质，以及培养学生具有对工作、对国家的自豪感和愿意为之而献身的精神。

域外国家的德育教育体现出：尊重学生主体性，发挥学生的主动性；通过德育教育的实践化、情境化和生活化来培育道德思维和道德能力；通过丰富多彩的校园文化活动营造良好的育人环境；坚持德育的渗透性教育和灌输性相结合；重视文学、历史、哲学、政治伦理等课程并贯穿于管理和服务的各环节，重视价值引领和塑造。这些都可以为我国高校思想政治教育工作和大学生社会责任感的培育提供有益的借鉴。

第六章　大学生社会责任感培育的实践路径

第一节　高校教育是大学生社会责任感培育的主要场域

高校是大学生社会责任感培育的主要场域，肩负着重要的责任和使命，应从教师队伍、管理理念、思想政治理论课、校园文化环境和实践等五个方面着力建设，推动大学生社会责任感的培育和形成。

一、增强教师队伍的社会责任感

教师在教学中一直占据主导地位，对大学生言行方面有着重要的影响。邓小平曾指出："一个学校能不能为社会主义建设培养合格的人才，培养德智体全面发展、有社会主义觉悟的有文化的劳动者，关键在教师。"心理学研究表明，学生具有明显的向师性，教师的一言一行、一举一动都会成为学生效仿的对象，对学生起着潜移默化的作用。德国著名教育家第斯多惠说："教师本人是学校里最重要的、最直观的有效的模范，是学生最活生生的榜样。"社会责任感培育成果最终外显为行为，大学生社会责任感培育能取得怎样的效果，关键看大学生的行为表现。行为示范比言语指导更具教育力量。教师是与学生最为亲近的人，也是学生模范的榜样，因此，教师在大学生社会责任感培育的过程中有着重要的地位和作用。教师师德高尚，专业过硬，充满社会责任感和使命感，爱岗敬业，关爱学生，就能成为学生言行的榜样，对大学生社会责任感培育有着重要的作用。

（一）教师必须具备高度的社会责任感

要想给学生一碗水，教师需要拥有一桶水。教师需要有高度社会责任感的精神境界和道德水准，并通过具有高度社会责任感的精神影响学生，让学生感受到教师精神和道德的力量和引领。"一个学院里最有效的道德影响力来自教师的个人品质……高尚的品格，再加上学者的智力和成就的尊严就可以成为一种启迪和追求。"教师高度的社会责任感需要外化为实际行动，这样的行动比语言更具感染力和示范性。教师志趣高尚、言谈儒雅、身心健康、热爱家庭、人际关系和谐、生活习惯健康，可以给学生正确的指引。教师应关心学生、为学生着想，用爱心和责任心去教育学生，帮助学生增长才干。教师应认真备课，精于科研，怀着高度的社会责任感对待工作，在授课、答疑、讨论、评卷等环节一丝不苟，出色地完成工作。教师应思想端正，热爱社会，拥护党的领导，模范遵守社会法纪，遵守社会公德，爱护公共设施，传递爱心，热心公益，积极帮助他人，有正义感，同社会丑恶现象做斗争。教师的这些言行都会潜移默化地影响学生，是对学生最好的社会责任感培育。因此，高校教师要注重师德方面的建设，从入口关加强审核，把思想端正、道德优良的教师选拔进来，工作中定期开展向优秀教师学习、观摩优秀教师授课、爱岗敬业教育等活动，使高校教师能保持较高的思想境界和较好的精神世界，成为学生社会责任感的思想引领者。

（二）教师必须成为学生的行为榜样

乌申斯基说过，"教师的个人范例，对于青年人的心灵，是任何东西都不可能取代的最能用的阳光"。教师的言行对受教育者有着潜移默化的重要影响。提高教师的道德修养、建设良好的教师教学风气是大学生社会责任感培育的前提保障。

教师在教学和生活中的言行给学生很多的示范，很多学生们都是模仿教师的写字、说话，甚至走路成长起来的，教师的言谈举止、教学风格及教学方式对学生的影响很重要，因此教师必须使自己成为学生的榜样，特别是成为社会责任感践行的榜样。

首先，高校教师要有榜样意识。高校教师要意识到自身言行、道德对大学生的影响，要有一种榜样意识，就是把自己培养和要求为学生的榜样。教师要思想积极、志趣高尚，有高度的社会责任感；关心时事，热爱祖国；爱岗敬业，投身教学，不断创新；生活和谐，节俭朴素；等等。教师还要了解大学生的思想状况、价值取向、生活方式、思维方式等，创造新的教学方法，时刻保持榜样的意识，防止精神松懈对学生的不良影响。

其次，高校教师要严于律己。孔子曰："其身正，不令而行；其身不正，虽令不从。"要想使学生有较强的社会责任感，教师的示范作用是极其重要的，因此教师要严格约束自身言行，特别是面对社会各方面的诱惑，能严于律己，坚守底线，恪守教师职业道德，保证个人的言行经得起社会、学生等各方面的检验和监督。

最后，学校要加强对教师言行的监督。除依靠教师个人自律外，还应该依靠管理部门来实现对教师言行的监督，建立教师师德建设监督制度，定期进行监督巡视，组织教育活动，保证教师言行的先进性，使教师具备高度的社会责任感，引导教育学生具有高度的社会责任感，成为对社会有用的人才。

（三）教师必须不断提高专业素养

大学生只有有了较强的社会责任感才能对社会承担责任。大学生承担责任不能只靠思想认识和精神觉悟，还要有承担社会责任的知识、技能和能力。教师想要培养出有社会责任感的学生，其本人必须具有较强的教学技能和学术造诣以及传授学生承担责任的知识和技能。

1. 强化教师的教学业务能力

随着时代的发展，人们对教师的教学能力要求越来越高。教师需要有精深的专业知识，广博的相关学科知识背景，足够的知识储备，以给学生足够的知识指引。教师需要扎根教学一线，紧紧围绕课堂，下足功夫了解学生思维和想法，明确学生的需要，把握好教学的重点和方向，活跃课堂氛围，激发学生的学习兴趣。教师需要不断钻研教材，立足所在学科，锻炼精湛的教学能力，探索新的教学方法，广泛应用新的教学手段，成为一名教育理论者。教师需要是坚定的马克思主义者，从唯物主义和马克思主义哲学的角度出发，传授学生思想，引领学生"三观"发展，坚持正确的社会主义道路和方向。

2. 提高教师的学术研究造诣

大学是知识的殿堂，也是创新的场所。高校教师不仅需要具备较强的教学能力，还需具备深厚的学术造诣，这样才能得到学生的高度认可和尊重，因此，高校教师需要注重科研，增强学术视野，积极投身学科研究，不断推进和接触学科前沿，发表高质量的学术论文和著作，而且要矢志创新，在学科专业研究上不断探索，将探索的结果与所教学生分享，提升学生学术视野，增强学生学术研究的能力，用孜孜不倦、迎难而上、不断创新的精神给予学生社会责任感方面的实际教育和引导。

3. 完善教师的教育管理理念

随着时代的发展，只会教书和科研已不能满足现代大学发展的需要了，大学被赋予了更多、更大的职能，大学成为人才培养、科研创新、专业人员等社会主义合格建设者和可靠接班人的培养基地，因此，大学教师要具备现代的教育管理理念，从时代的视角，不断更新教育理念，以人本、科学等思想推进学校管理的现代化，为学生提供世界顶尖的教育理念，有着中国情怀、世界眼光。

（四）优化高校教师队伍结构分工

大学生思想政治教育工作队伍主体是学校党政干部和共青团干部，思想政治理论课和哲学社会科学教师，辅导员和班主任。即大学生社会责任感培育教师队伍由思想政治理论课教师、专业课教师、辅导员和党政管理干部四部分教师组成，他们工作岗位不同，采用不同方式，对学生进行教育，但需要合理定位，整合资源，形成合力，实现学生社会责任感培育目标。

1. 发挥思想政治理论课教师的主渠道作用

思想政治理论课教师是大学生社会责任感相关理论知识课堂主体教育负责者，思想政治理论课是其理论知识教育的主渠道。因此，思想政治理论课教师要将教学职责落到实处，培养过硬的教学技能，学习运用贯彻最新的马列主义理论成果，开展思想道德、政治理论和人文素养等方面教育。通过思想政治理论课的讲授，使大学生掌握马克思主义理论视角下的社会责任感相关道德原理、内涵和意义，教育和引导大学生学会运用马克思主义的视角分析和判断社会的现象和问题，为他们树立正确的世界观、人生观、价值观和培养良好社会责任感打下坚实的基础。思想政治理论课教师要爱岗敬业、刻苦钻研、严谨笃学、不断创新、淡泊名利、甘于奉献，以人民教师特有的人格魅力和卓有成效的工作教育学生，赢得学生的尊重。只有这样的老师教育学生才有说服力和感召力，能潜移默化地影响学生，让学生全面掌握社会责任感理论知识和要求，能从思想上加强认识，为进行深入实践做好理论准备。

2. 发挥高校党政干部和共青团干部的引导作用

高校党政干部和共青团干部是大学生思想政治教育工作的重要组织者、协调者和实施者，承担着管理育人和活动育人的重任。他们要坚决地将中央和上级党委对大学生思想政治教育工作的要求贯彻落实到具体的管理服务和教育活动中，特别是结合大学生社会责任感培育的困难和实际，设定培养目标，规划实施方案，积极开展教育活动，做好总结表彰，推进教育工作的监督，落实思想教育内容，发挥党团组织优势，开展寓教于乐的教育活动，助力学生自我、集体等社会责任感的形成。

3. 发挥高校辅导员的实践引领核心作用

2006 年教育部颁发的《普通高等学校辅导员队伍建设规定》中指出"辅

导员是开展大学生思想政治教育的骨干力量，是高校学生日常思想政治教育和管理工作的组织者、实施者和倡导者"，也是开展大学生社会责任感培育实践教育的核心力量。

首先，高校要重视辅导员的队伍建设，确保教育部对辅导员队伍建设的规定落实到位，做好人员选拔、奖惩提升、职称待遇等方面配套和管理，增强队伍的稳定性。

其次，加强高校辅导员的业务能力培训，逐步改变辅导员重管理轻研究的倾向，实现业务性向专家化转变，注重辅导员的职业能力培训，通过讲座、比赛、培训等方式促进辅导员业务能力提升。

再次，提高辅导员队伍的学历水平。鼓励辅导员考取硕士、博士，进行深造，为辅导员深造和提高学历提供政策支持、经济保障。

最后，增强辅导员培育学生社会责任感的意识。把社会责任感培育作为辅导员对学生培养的核心任务，要在管理、服务、奖惩、活动等各个方面中体现社会责任感培育方面的主题、内容和目标，贯穿社会责任感培育于大学生成长学习始终，积极创新培养形式，开展主题讨论、实践调研、文体比赛、诗歌朗诵、社会实践等学生社会责任感培育活动，促进学生理论与实践的结合，推动学生养成优良的社会责任行为习惯，并且辅导员要对学生在学业上关心，生活上帮助，思想上解惑，及时解决学生所面临的各种问题。辅导员要有坚定的共产主义信念、熟练的管理事务能力、丰富的专业知识、良好的形象和行动力，为培育学生社会责任感做出榜样。

4. 发挥专业课教师的辅助作用

专业课教师负责学生专业课程的讲授和教学，是与学生接触时间最长的一个群体，但是，由于教学机制的原因，高校专业课教师与学生的交流只局限在课堂上，而且课堂上以传授知识为主，缺乏单独的交流，课下老师完成教学任务，与学生交流很少，习惯上我们称大学教师"上课来，下课走"。按照规定，专业课教师也承担着大学生思想政治教育的内容和任务，但多数人完成得不好，因此，在大学生思想政治教育这项工作中要给专业教师提出要求，强化社会责任感培育内容，融教育培育内容于教学内容中，在教学内容中设置思想政治教育教学观测点，让专业课成为思想政治教育的另一个重要阵地，辅助思想政治理论课教师和高校辅导员等做好社会责任感培育工作。

二、更新教育者教育管理观念

教育者的教育管理观念决定着教育的水平和高度。高校教育者对大学生社会责任感培育问题认识的深度不一，重视程度也不相同，需要从教育理念、教学方法、沟通机制等方面切实想办法。

（一）树立"以人为本"的教育理念

1. 树立"以人为本"的思想政治教育理念

随着经济全球化的深入和信息时代的发展，大学生越来越强调个性，注重个人价值，突出主体地位，传统教学中"以教师为中心""学生被动参与"的思想政治教育理念需要向"以人为本"的教育理念转变才能适应学生群体注重个体的情况变化。因此，在现在的思想政治教育中，特别是在社会责任感培育中坚持"以人为本"的教育理念要以大学生的实际需求为本，尊重学生个性，把学生放在社会责任感培育的核心地位，注重发挥受教育者的主观能动性。学生作为受教育者，与教育者同是德育过程中的主体，教育者应该尊重学生的主体地位，使学生在没有束缚、没有压力的状态下，即在心理自由的状态下接受道德教育，形成道德实践的认知能力。

高校教育者可通过多种方式与学生进行积极的交流互动，根据学生的实际情况和兴趣，开展适合学生特点的教育活动，关注学生人格健全培养，培育出具有较强社会责任感的大学生。

2. 注重大学生个性发展

为了促进大学生成为有社会责任感的优秀人才，教育者需要关注学生个性发展，发挥学生个性优势，因材施教，使得不同性格和优势的学生都能得到发展。首先，应为大学生个性发展提供自由的氛围，不压抑学生个性，促进学生创新能力提升。其次，尊重学生价值选择，做好价值选择的引导，教导学生正确面对各种文化、思潮和价值观，做出正确的判断和抉择，保证社会主义发展方向。最后，注重集体主义教育。以人为本和注重个性发展不是放弃集体教育，而是要加强集体主义教育，多开展集体活动，培养学生的合作精神，进一步培养学生的集体责任感。

3. 帮助大学生全面认识自己

大学生正处于青少年向成年人转变时期，处于人生的重要阶段，其存在思维不成熟、性格不稳定、视野不开阔、鉴别能力差等问题，这些问题的存在对其优良社会责任感的培育及身心成长势必造成阻碍，因此，高校教育者要引导学生全面认识自己，结合他们的特点设计教育活动，以一种宽容的态度看待他们的缺点和不足。同时，帮助大学生准确定位个人角色，明晰身上的责任和使命，让他们知晓自己作为社会主义合格建设者和可靠接班人、祖国未来的角色，在教育活动中突出这一角色的社会责任，增强他们的社会责任感，产生学习、成长动力。

（二）优化教学和管理方法

1. 探索课堂教学新模式

第一，丰富教学内容。当前，高校社会责任感的课堂内容比较单一，且存在政治性强、理想化、脱离学生生活实际的情况，使得学生接受教育存在被动情况，学生主动学习和接受的意愿较低，因此，高校思想政治理论课要与学生实际需求、社会实际情况紧密结合，增加文学历史、文体艺术、时事热点等方面有关社会责任感培育方面的内容，紧跟时代步伐，通过丰富的学生感兴趣的知识传授，使学生形成学习兴趣。

第二，探索教学方式。尝试改变教师讲授、学生听的灌输式教学方式，引进讨论式、主题式、访谈式、调研式、讲座式、观摩式、团体辅导式等新课堂教学方式，增强课堂的活跃度，以学生为主体，让学生参与到课堂的讲授和学习中，也可引进翻转课堂、慕课等较为流行的课堂教学模式，增强学生参与性，保证教学的实效性。

第三，采用丰富载体。教学内容应通过更多的载体呈现，应合理利用网络、电视、手机等现代教育手段，通过视频、图片、PPT、微信、微博、网站、网络资源等展开教学，特别是利用网络的传播信息的特点，适当探索通过微信、QQ、网站等进行教学的模式，用学生喜欢的载体承载教育内容。

2. 注重强化课堂社会责任感实践

社会责任感是一个知行统一的过程，理论教育使学生思想上明晰了要求，但还需要学生进行实践。所以，教育者要增强教育的实践意识，可以在课堂上划定实践课时，由思想政治理论教师组织课上实践；可以建立课下实践活动与课上配合制度，教师布置作业，学生课下实践，再进行课上验收；可以建立辅导员对学生进行团体辅导制度，制订长期计划，设定社会责任感主题，辅导员组织演讲、文艺、体育、辩论等比赛推进教育内容的展开；可以创设贴近学生生活的、自然的教育情境，通过课上和课下联动、校内与校外联动的方式，扩

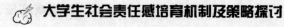

大大学生社会责任感培育的空间。大学生只有深刻了解社会，才能在体验、观察社会生活中培育社会责任感，提升自己社会责任感行为能力。

3.建立课外社会责任感培育机制

第一，建立校内教学、管理和服务社会责任感培育机制。大学生的社会责任感培育不只是教学或者辅导员单方面的任务，还应该建立学校内教学、管理和服务一体化的社会责任感培育机制，教学人员通过课堂教学和身正示范给学生做好社会责任感理论宣讲和知识传授，管理人员通过组织文艺体育、知识文化、讲座讨论等活动渗透社会责任感培育内容，其余人员通过教学、行政、实验、后勤等方面的服务形成社会责任感践行的良好氛围，最终，打造高校内良好的社会责任感培育环境。

第二，建立学校、家庭和社会联动社会责任感培育机制。大学生是高校内的一员，也是其家庭的一分子，更是社会的组成成员，他们身上有三重身份，在学校、家庭和社会方面都受到教育。要想实现社会责任感的培育成功，就需要建立学校、家庭和社会联动配合的机制，各有分工，形成全时间、全空间、无死角的培育环境。

第三，建立与社会责任感相连的评价制度。为了推动学生社会责任感良好行为的养成，高校可以把大学生社会责任感培育作为一门课来建设，安排教师，规范内容，对社会责任感的理论及实践进行教育考核。高校可以尝试把社会责任感培育与学生日常行为表现结合起来，建立合理的大学生社会责任感评价制度，约束学生的言行，通过奖惩来调节学生的表现，通过将结果列入学生综合素质测评内容和建立大学生社会责任感档案对学生进行正确的引导教育，使校园中一切不负责任的行为都因不可避免的"责任追究"而受到有效遏制。这种外在的行为强化作用，其本质是人的责任行为习惯的养成过程。

4.发挥校园文化隐性教育作用

高校是精神文明和学术研究的重要阵地，应发挥高校自身精神文明建设在社会责任感培育方面的优势，加强校园文化建设，组织丰富多彩、活泼向上的校园活动，引领学生的精神；提供较好的硬件设施、干净整洁的校园环境，增强大学生的归属；挖掘宣传学校的光荣历史、学术名师等，使学生产生对学校的热爱；通过学生会、社团、舍委会等组织开展相应的活动，增强学生的主人翁精神，形成自我管理和教育的能力，整体上形成隐性教育的良好环境和载体，让学生置身其中就可以受到社会责任感的培育。

（三）健全多方培育沟通机制

大学生社会责任感培育需要学校、社会和家庭合力完成，需要建立三方沟通合作进行培育的机制。

1. 建立学校与社会沟通渠道

高校及教育主管部门要与政府、社会团体、新闻出版等机构建立沟通联系机制，定期沟通，相互配合，营造培育大学生社会责任感的良好氛围。广电部门、新闻媒体、网络平台要积极、广泛、正面地宣传具有社会责任感正能量的影视作品、广告等，塑造风清气正的媒体环境，净化和引导大学生思想。网络公司及管理部门应加强网上信息的监督和监管，做好网站的管理，积极推动和宣扬社会责任感的正面新闻、典型及作品，力保网上环境清洁干净。政府机关要重视大学生的培养，为学校提供资金政策支持，合理规划和治理学校周边环境，加强对校内外治安、文化娱乐场所的管理，保证学校周边稳定和学生安全。社会团体要关注大学生社会责任感培育，给学生提供更多的实习、见习和社会实践的机会，帮助学生提高社会责任感。

2. 建立学校与家庭合作机制

高校要主动与家庭建立合作，通过家长会、开学典礼、毕业典礼、家访等方式与家庭建立联系，教育家长关心学生的成长，了解学校管理和培养目标，并与学校紧密配合完成学生的教育和培养。家长应发挥榜样作用，以身作则，成为学生社会责任感培育的模仿榜样。家长应注意学生独立意识的培养，放手让学生去承担家庭、社会责任。家长要有孩子成人的意识，把孩子当作成年人来看待，教育孩子真正担负起成年人的社会责任感。家长要学会了解学生的特点，理解学生，不断规范其行为习惯，引导学生参加社会公益活动，在家庭和社会活动中锻炼社会责任感行为能力。

三、发挥高校思想政治理论课的主渠道作用

思想政治教育是维系社会和国家稳定的理论基础，也是当代大学生学习生活的必然要求。所以，思想政治教育更多地要体现责任意识，让政治意识和责任意识相统一。

高校思想政治理论课在《关于进一步加强和改进大学生思想政治教育的意见》中被定位为主渠道，是对大学生进行世界观、人生观和价值观教育的重要途径，更是确立社会责任感的主渠道，对大学生正确认识个人与社会关系、处理社会责任与个人利益关系、实现个人价值有着重要的作用。高校思想政治理

论课应切实凸显《马克思主义基本原理概论》《思想道德修养与法律基础》《中国近现代史纲要》《毛泽东思想和中国特色社会主义理论体系概论》《形势与政策》等五门课程对大学生进行思想政治教育的重要作用，坚定地传播马克思主义思想，结合我党的奋斗历程，紧贴国家改革发展实际，利用学生身边的事例和自身成长诉求，实现对大学生的以理想信念教育为核心，以爱国主义和公民道德教育为重点，以全面发展为目标的素质教育。作为社会责任感培育的主渠道，思想政治理论课要结合当前大学生中存在的社会责任感缺失现象，增加社会责任感培育的内容，在教学过程中注重社会责任感理论和行为方式的教育、灌输，用马克思主义思想引导学生，用中国革命和建设的恢宏历史教育学生，用爱国主义情怀砥砺学生，通过民族精神的培育，全面提升学生的道德。要做到紧贴学生实际和社会现实，充分注意国情、党情和时代特点，促进学生社会责任感的提升，使他们认识社会发展的规律和方向，认知国家的前途命运和自身的责任，把个人理想和社会理想做到有机结合。

（一）发挥思想政治理论课主渠道作用的方式

1. 适当增加思想政治理论课的授课时间

思想政治理论课是在高校德育工作经验总结和科学研究的基础上形成的关于大学生政治、思想、道德品质修养和心理行为训练的系统理论和知识。课程对于提高大学生的政治素养和思想道德水平，养成正确的社会观点，有着十分重要的意义。大学是一个人成长成才的最关键时期，是其世界观、人生观和价值观正形成和发展的阶段。在这一阶段，大学生存在对社会的认识不全面、思想不够成熟、知行不够统一等问题，所以这一阶段的知识积累、素质教育、思想认知对他们的人生发展有着重要的意义。高校思想政治理论课的教育需要适当增加教学课时，以便教师能更好、更充分地教育和引导学生，达到通过加强思想政治理论课时投入来促使学生形成正确的"三观"的目的，加深他们对社会责任感的认知，使他们将对社会的认识内化为承担责任的动力并付诸行动。

2. 协同所有课程进行思想政治教育

要想实现大学生社会责任感的培育，需要协同课程体系中所有课程资源。每门课程都应该把社会责任感培育作为课程需要达到的一个重要的教学目标，形成协同教育的合力。

道德教育是一个需要多学科共同研究的领域，仅仅通过一门学科来探讨这一领域是有限的，也是危险的。

也就是说，社会责任感是个体多项指标和能力的综合体现，它需要思想政治教育课程的教育，也需要其他各门课程教学的支撑和配合，需要我们充分挖掘其他课程的社会责任感培育资源，合理、充分地用于学生的教育。各科课程教学课时较长，是学校对学生进行责任教育的基本途径之一。教育者应挖掘专业课程在思想政治教育中的资源，把备课、授课、考试、讨论等各个教学环节都要融入思想政治教育内容，每节课要有固定的德育目标，通过专业课程的教学，在教学内容中结合专业讲述，完成社会责任感内容和指标，并可以延伸到学生学习环节中的实验和实践等，实现学生社会责任感的强化，鼓励学生学好知识，服务社会，主动承担社会责任。教育者还应挖掘高校人文课程的社会责任感培育资源。高校是人文科学的高地，人文课程能提高学生人文和精神素养，是培育社会责任感的重要载体。大学历史、人文和社会等人文课程资源中需要设定社会责任感内容和目标，教师在教学中要挖掘课程中的德育资源，丰厚学生的人文积淀，陶冶学生的情操，增强学生的底蕴和社会责任感。

3. 转变思想政治理论课程的方式思路

为适应社会责任感培育目标，思想政治理论课需要从教学方法、内容和实践方面做出必要的改变。

第一，转变教学方法，增强课堂教育吸引力。任课教师要根据课程的教学目标和内容，设计合理的教学过程，选择恰当的教学方法，增强课堂教学的效果。任课教师可以采取互动式、讨论式、专题报告式、情境模拟式等方法活跃课堂气氛，引发学生思考；可以用音乐、视频、图片等素材组合，利用多媒体设备，整合成为优秀的教育资源，提升学生的学习兴趣，增强教学效果；可以结合社会上的道德热点问题，组织讨论、辩论等，帮助学生澄清认识；可以通过布置学生课后实践作业的方式，采取调研汇报的形式，创设交流互动的机会；可以利用学生喜欢的网络平台，通过微信、微博等进行思想政治教育，澄清理论认知，引导学生变被动为主动，拥有强烈的社会责任感，提升道德认知，外化为实际行动。

第二，突出重点内容，增强课程教育的实效性。社会责任感培育内容要通过思想政治理论课来实现，因此，要在五门思想政治理论课的教育内容中凸显社会责任感的培育内容，并相互配合形成一个整体。《马克思主义基本原理概论》课中应将马克思责任观作为社会责任感理论认知的核心内容，明确责任概念及其意义、特质、内涵等内容，进一步明晰对自己、对他人、对国家、对社会、对环境的责任要求，实现思想和理论上的认识；在思想上加强了认识后，

从历史的传承上增强大学生对于社会责任感的认识，通过《中国近现代史纲要》帮助学生了解中国近现代的历史，用历史的教学强化学生的爱国主义，进而继承和强化其对国家和民族发展的责任感，形成对个人发展的动力；通过《形势与政策》课的教学使学生了解国情、省情和社情，掌握国内外的形势，明晰国家发展和社会进步的困难、问题等，帮助学生加深认识，增强对现实的了解，强化社会责任感；通过《毛泽东思想和中国特色社会主义理论体系概论》的讲解明确我党立党之本和立国之基，让学生明白我国现行的社会主义道路和马克思主义指导思想，形成马列主义理论下的社会责任感认知；最后，需要通过《思想道德修养与法律基础》课程，使大学生社会责任感与现实社会、法律规定结合起来，通过课程提出党和国家对于大学生的思想、行为和目标的期待，结合现实的道德现状，对应法律的基本要求，提升学生的社会责任感，使学生明确行为规矩和底线，掌握社会责任感的承担方式和方法，并进行一定的尝试，形成个人的行为方式。

第三，增强实践教学，为学生提供社会责任感实践机会。社会实践是对高校教学和教育效果的重要实践检验方式之一，大学生通过实践教学环节可实现了解社会、砥砺品格、锻炼能力、服务社会和增强社会责任感等目的。思想政治教育课要在教学计划中增加社会实践内容，设计社会实践方案，把课堂教学内容与社会实践结合，实现课堂教学向社会实践的延伸。可以组织学生开展社会调研、人物访谈、观看电影、参加报告会、志愿服务等活动，增强学生社会责任感，并通过长期的实行，增加社会责任感实践机会。

（二）思想政治理论课程的内容

思想政治理论课程的内容包括马克思列宁主义、毛泽东思想、邓小平理论、"三个代表"重要思想、科学发展观、习近平新时代中国特色社会主义思想等，以人生观、价值观和世界观教育为主线，以集体主义、爱国主义和社会主义为教育重点，结合学生的特点。思想政治理论课应将内容与社会责任感培育紧密结合，辅以必要的心理健康教育、公民道德教育、民族精神教育、法制教育、素质教育、国情教育、时代精神教育等内容，帮助大学生提高综合素质。

1. 理想信念教育

课堂上传授学生马克思列宁主义、毛泽东思想、邓小平理论、"三个代表"重要思想、科学发展观、习近平新时代中国特色社会主义思想及马克思主义中国化的具体历程，培养学生具备马克思主义观点，使其树立坚定的社会主义信仰，并学会用马克思主义观点、立场去看待问题、分析问题和解决问题，树立全心全意为人民服务的人生观，拥有集体主义价值观，知晓国家发展与个人前途的关系，把个人理想和社会理想实现对接和统一，明确当代大学生的社会责任感和义务。

2. 爱国主义教育

大学生的社会责任感培育需要首先强化爱国主义教育。只有热爱祖国，关心社会，才能成为具有高度社会责任感的人。爱国主义是中华民族的优良传统和民族精神的灵魂，从古至今，爱国主义都是推动历史前进的强大精神动力。中华民族历来就有一种对国家、民族、社会的责任感、使命感和忧患意识，重视国家、民族和社会的利益，强调为整体而献身的精神。

古代先贤有着浓重的爱国主义情怀，为历史传颂，党和国家也把爱国主义作为民族精神的核心。思想政治教育者要善于利用这些宝贵的爱国主义教育资源。在新的历史时期，爱国主义的时代主题和特征就是建设中国特色社会主义，振兴和发展民族经济，提高国家的综合实力，实现祖国的团结和统一，为建设富强、民主、文明的社会主义祖国而奋斗。

思想政治理论课应该凸显爱国主义教育内容，教育学生从情感上认同祖国、热爱祖国，培养学生成为一名坚定的爱国者，努力发展自己，矢志国家建设，进而成为有高度社会责任感的人。

3. 形势政策教育

高校还应从国际政治格局的变化、世界经济全球化以及现代高科技的发展与大学生的使命和责任等方面来加强形势任务教育。思想政治理论课要以中国的社会现实为基础，向学生介绍世界形势、国家发展、社会转型、体制政策等情况，要介绍中华人民共和国成立以来我国取得的社会主义建设成绩，特别是改革开放实施以来国家政治、经济和文化等方面取得的伟大功绩；要介绍国际发展态势，我国在经济竞争、国家安全、未来发展等方面的优势和问题；要介绍我国经济发展情况，特别是大学生所处省份省情、民情；要介绍我国因经济进步迅速而面对的发展中国家和社会主义初级阶段国情，明白我国存在着人口众多、经济底子薄、资源消耗多、环境破坏严重、国际政治挑战严峻等问题。了解这些可以使学生们增强对社会、国情的认识，强化民族自豪感，同时明确民族发展、社会进步面对的危机和挑战，推动大学生社会责任感的形成。

4. 公民道德教育

公民道德是一个人成才、有社会责任感的重要标志，公民道德教育的核心是社会公德，主要包括遵守法纪、文明礼貌、乐于助人、保护环境和爱护公物等内容。在当今社会，人们相互交往日益频繁，人们的公共活动范围也越来越广，人们采取什么样的态度对待公共秩序、参与公共活动、维护公共利益，是一个公民素质的重要体现，大学思想政治理论教育要传达和灌输公民道德教育内容，坚持以集体主义道德为社会主义正确的价值导向，正确处理个人和集体利益的关系，让学生清楚实现个人利益需要建立在实现社会整体利益的基础上，只有在社会利益中才能实现个人利益，只有在集体中个人才能得到全面发展，树立社会责任感，承担应有的社会责任。

5. 法制法规教育

思想政治理论课应讲授基本的法律知识，增强大学生对法律法规的了解，明确法制建设的重要性，提高大学生应用法律的能力。通过开设的《思想道德修养与法律基础》课中法律基础的部分，让学生了解宪法、婚姻法、刑法、交通法等法律规定，通过案例教学、讨论分享和法制宣传等方式增强学生对法律条款深层精神的掌握，普及法律知识，使学生形成知法、守法等正确的法律意识，形成遵纪守法、履行法律义务的高度自觉性，进一步增强其社会责任感。

四、创建良好的大学社会责任感培育文化环境

（一）校园文化的含义及作用

环境对于激发和引导人在环境中的行为方式有很大作用，因此，大学生所生活的校园文化环境对他们的教育和影响有着重要作用。校园文化指的是学校所具有的特定的精神环境和文化气氛，它包括学校建筑设计、校园景观、绿化美化等物化形态的内容，也包括学校的传统、校风、学风、人际关系、集体舆论、心理氛围等精神文化，以及学校的各种规章制度和学校成员在共同活动交往中形成的非明文规范的行为准则的制度文化。校园文化对大学生的思想道德有潜移默化而深远的影响，对其社会责任感培育能够起到重要的促进作用。高校应发挥校园文化环境的育人效应和熏陶作用，浸染学生心智，实现潜移默化的教育。校园文化包括物质文化、精神文化、制度文化。

1. 加强物质文化建设

校园物质文化是一所高校精神风貌的物质依托，是校园里看得见、摸得着的硬件设施。完善的校园硬件设施，优美的校园环境，各具特色的景致，功能齐全的场馆，配套齐全的环境服务，都是校园物质文化环境的组成部分。高校要充分挖掘校园物质文化中一草一木、一碑一石、一景一物、一楼一馆的育人功能，使受教育者保持舒畅、乐观的情绪体验，形成积极向上的文化氛围，陶

冶道德情操。同时，校园物质文化中的整齐设施、优美的环境、井然的秩序对学生的不良行为可以起到引导和纠正作用，促进学生承担社会责任，养成良好的行为习惯。

2. 加强精神文化建设

精神文化是校园文化的灵魂，也是看不见、摸不着的校园文化。高校必须努力建设体现社会主义特点、时代特征和学校特色的校园文化。高校精神文化体现在学校的优良传统、校训校风、教风学风班风、人文精神和科学精神等方面，潜移默化地影响着学生的心理、行为，对学生的成长能产生潜在而强烈、持久而深远的影响。

加强精神文化建设，就要构建以学校精神为核心的、反映学校本质要求的一系列价值观念。高校应积极创建优美的校园环境，开展健康向上、丰富多彩的文体活动、学术探讨、知识讲座、社团活动等。发挥校园媒体的宣传教育作用，充分利用橱窗、板报、报刊、广播、网络等载体，用积极、正面的能量影响学生，并按照学生乐于接受的微信、微博等网络方式进行宣传，渗透社会责任感培育内容以感染学生。发挥优秀社会责任感典型的引领作用，树立校园内师生榜样，大力宣传，展现典型的事迹，引起学生的效仿和共鸣。建设和优化良好的校园学术风气，使学生形成严谨治学、诚信考风、勇于创新、矢志钻研的学习和学术研究风气。高校应加强学术规范和学术道德价值观教育，批判个人主义的学术功利思想，学术要以解决实际问题，为社会、生活和他人造福为目的，可以通过发挥学术模范影响，建立学术诚信制度、建立学术评价制度等形成良好的学术氛围，引导学生承担学术中的社会责任感。大学教师是校园精神文化的重要组成部分，教师需要丰富自己的精神世界，道德高尚，用自己的思想和行为影响学生，做到以身立教，使学生从师者身上看到做人的责任榜样。大学生长期生活在积极向上、充满内涵的校园文化环境中，校园文化中的精神必然在学生性格上打下烙印。校园文化可以鼓励、指引学生行为，也给学生提供了展现自己的平台，开拓学生事业，使学生建立自信，激发学生的进取精神，为迎接未来竞争做好准备。

3. 加强制度文化建设

校园制度是校园文化主体进行文化活动时所形成的各种固化行为规范，主要涵盖学校各项规章制度和行为规范等。校园制度文化"管理育人"的作用对校园文化建设及大学生社会责任感培育意义重大。

第一，高校应制定完善的教育管理制度。小到学生生活习惯、大到教学制度，

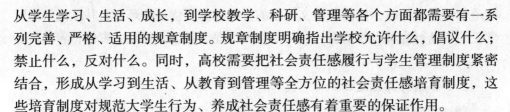

从学生学习、生活、成长，到学校教学、科研、管理等各个方面都需要有一系列完善、严格、适用的规章制度。规章制度明确指出学校允许什么，倡议什么；禁止什么，反对什么。同时，高校需要把社会责任感履行与学生管理制度紧密结合，形成从学习到生活、从教育到管理等全方位的社会责任感培育制度，这些培育制度对规范大学生行为、养成社会责任感有着重要的保证作用。

第二，高校要健全社会责任感评价监督体系。学生在大学求学期间，面对着诸如学习、生活、集体、他人等与社会责任承担有关的问题，需要学校健全社会责任感的评价监督体系，把社会责任感承担情况作为道德评价的重要内容，明确奖惩制度和方法，对积极承担社会责任的要给予正面的肯定和表彰，对不能承担社会责任的要给予批评和处罚，通过这些制度的执行，让学生树立正确的社会责任感评价观，进而调整个人行为向着正确的方向前进。

（二）校园文化建设中的关键点

1. 班级建设

班级是学校贯彻落实教学、管理、服务等相关工作的基本单位，是思想政治教育的主阵地，是大学生自我教育、管理和服务的群众组织，对于大学生成才和社会责任感培育具有十分重要的作用。每名学生作为班级的个体，都要在班级集体内进行学习、生活，需要与他人进行交往，参与班级活动，完成班级集体任务。在这个过程中，班级是大学生社会责任感培育和行为养成的重要环境，因此要极其重视班级建设在大学生社会责任感培育中的重要地位。

首先，精选班级核心。班级的发展核心是班委会，班委会成员承担着班级学习生活、班风建设、集体精神等的培育工作。一定要把班级中威信高、能力强、作风正、人际好的学生遴选为班委会成员，并定期组织相关培训，老师指导他们积极开展工作，为班级良好风气建立奠定干部基础。

其次，建立民主氛围。民主是每个人生来的追求，拥有民主可以激发一个人的积极性，可以营造融洽氛围，利于班风的形成和社会责任感的培育。班级事务中一定要充分发扬民主，通过民主决定班级中评优、入党、活动等一切事项，使学生在民主氛围中养成个体参与集体活动的意识，进而形成对集体的责任感。

再次，凝聚融洽的集体精神。班集体是学生大学生活中重要的集体，集体氛围和精神对于学生参与集体活动有着重要的影响，学生需要通过相互了解、参与活动等方式凝聚班级精神。

最后，组织集体活动。通过组织班级集体活动，每个人被分配任务，大家共同合作，来明确每一个人在班级中的责任和位置，促进学生社会责任感的履行和实践。学生在班级活动中的社会责任感展现还会扩展到学校、社会、国家，形成社会责任感和行为。

2. 网络建设

随着时代的发展，大学生已经成为使用网络的主力军。优化校园网络建设和有效管理，建设融服务性、思想性、知识性和趣味性于一体的校园网络体系，对学生社会责任感培育有着重要的作用。

首先，建设好校园网。校园网是学校发布信息的官网，要起到弘扬社会责任感、批判不良社会责任感、宣传具有社会责任感的师生典型作用，对学生的思想发展起到旗帜和导向作用。

其次，利用其他网络平台。微信、微博、QQ 等交流平台是学生经常接受和交换信息的平台。工作者应准确把握学生的特点，结合学生的需要，大胆创新，提供给学生乐于接受的优秀作品，并通过平台在网络上进行传播，发挥正能量的影响；为学生提供更多的网络文化产品，严防有害信息和错误的观点言论传播，掌握社会责任感培育的主动权。

最后，培养网络舆情领袖。网络中一些信息和新闻产生后，大家进行转发和传播，有着较高影响力和威信的舆情领袖的意见、想法，对周围围观的网友和学生有着导向作用，甚至可以决定事件的走向，因此，在社会责任感培育中要加强网络舆情领袖的教育，把他们培养成为大学生思想政治教育的宣传员，可以培养一些思想端正、专业突出、威望较高的学生成为舆情领袖，推动和宣传社会责任，帮助学生形成社会责任感。

3. 寝室建设

寝室是学生学习和生活的主要阵地，是学生教育的盲点，也是大学生社会责任感培育的薄弱地点。大学生生活在寝室的时间较长，寝室学生相互之间有着重要的影响。高校要充分发挥人与人之间存在的感染作用这一特征，采用生活化情境的教育模式，鼓励大学生积极参与进来，共同构建良好的校园人文责任环境。一个宿舍内的大多数同学思想端正、学习努力、阳光积极，就会影响和带动其他同学，潜移默化地使大家形成共同的兴趣和气质，最终实现共同成长；一个宿舍内的大多数同学思想消极、学习懈怠、意志消沉、不思进取，就会影响其他同学，潜移默化地给人带来负面效果，最终宿舍人都会消沉。

首先，加强寝室管理。强化学生宿舍管理，要把宿舍视为学生思想教育和管理的重要阵地，成立管理部门，安排专门管理人员，制定管理制度，重视寝室建设。

其次，注重寝室文化建设。在寝室管理中，很多管理者把寝室管理视为检查卫生、归寝安全等内容，这些只是管理中最低的底线。高校应注重寝室文化建设，发挥寝室的育人功能，在寝室人际关系、心理关怀、文化打造、推动学习、思想教育等方面下力气，组织以寝室为单位的文体、知识比赛，培养学生团队精神，在寓教于乐中培育大学生的社会责任感。

4. 榜样建设

榜样可以给人力量，引导人们前进。在大学生社会责任感培育过程中需要发挥榜样典型的作用。首先，发挥优秀群体的同伴效应。把社会责任感履行优秀的学生或群体作为典型榜样，在学生中进行宣传教育，用同龄人的事迹影响他人社会责任感的形成。其次，发挥党员群体的作用。党员是大学生中的优秀分子，他们在思想、学习、生活、人际、奉献和社会责任感方面有着榜样作用，通过宣讲事迹、组织活动、相互交流等让大多数同学能了解学生党员的优秀，进而产生学习和模仿。最后，激发学生干部群体的作用。高校的学生干部主要包括学生会、共青团、社团、班级以及团支部等组织干部，他们担负着学生管理、学风营造、活动组织等重要任务，也是学生中的优秀分子，通过严格选拔、定期培训、强化训练等实现对学生社会责任感培育的引导。

5. 社团建设

高校学生社团是依据个人的爱好和兴趣组建的学生组织。高校中社团个数较多，学生中参与面比较广，是学生教育管理的一个重要组织，对学生社会责任感培育也有着重要的作用。规范社团管理。学校社团很多，一般分为学院和学校两个级别，学校要加强社团的管理，安排指导教师，注重社团的活动安排，注重社团的思想政治教育，加强社团扶持力度，为社团开展活动创造有利的条件，努力解决社团开展活动中遇到的困难，为学生参与实践活动提供指导。多开展利于社会责任感培育的活动，通过活动锻炼学生能力，培养交际能力，从而培育社会责任感。

第二节　家庭教育是大学生社会责任感培育的基础环节

"家庭者，人生最初之学校也。一生之品性，所谓百变不离其宗者，大抵胚胎于家庭之中。习惯固能成性，朋友亦能染人，然较之家庭，则其感化之力远不及者。社会、国家之事业，繁矣，而成此事业之人物，孰非起于家庭中呱呱之小儿乎？虽伟人杰士，震惊一世之意见及行为，其托始于家庭中幼年所受之思想者，盖必不鲜。"这段话中，蔡元培先生阐述了家庭对人道德和成才的重要作用。家庭是组成社会的基本单位，父母是孩子人生的第一任老师。家庭是一个人接受启蒙、塑造性格和品德的第一场所，是学校教育的重要补充和基础。家庭教育对一个人的成长成才有着重要的影响，它浸润和形成了一个人早期的生活规律、行为规则和道德品质。当代的大学生大多数是独生子女，一般在父母的无限关爱和呵护下长大，存在着重养轻教、娇惯溺爱、重智轻德、重自我轻社会责任等家庭教育的不良倾向。家庭作为大学生社会责任感培育的重要环境，应转变教育观念，营造良好的家庭环境，家庭成员应起到榜样作用，强化学校和家庭之间的联系，这样才能培育学生健全的人格和社会责任感。

一、家庭创设社会责任感培育环境

环境对人的道德和行为有着潜移默化的影响，马克思和恩格斯认为："人创造环境，同样，环境也创造人。"美国著名教育家杜威认为："成人有意识地控制未成熟者所受教育的唯一方法是控制他们的环境。"优良、温暖、有爱和社会责任感较强的家庭环境对大学生社会责任感培育有重要的助推作用，相反，冷漠、自私、缺少爱和社会责任感弱化的家庭环境对大学生社会责任感培育有强大的阻碍作用，甚至会把学生引向歧途。我们可以通过改变、创设和优化家庭环境使其发挥助推社会责任感培育的作用。

（一）转变家庭教育观念

1. 家长树立正确人才观念

目前，我国很多家长认为孩子只有读好书，上大学，才是人才。于是，中国家长把孩子上大学作为培养成功的标准。为了实现这一目标，家长为孩子的学习和考学倾尽所有，投入所有的财力和物力。家长给了孩子过多的关注和爱，把这种爱无限延伸到孩子的各个方面，甚至用爱的名义帮助孩子安排一切，包括衣食住行、理想前途和工作婚姻等，并为了让孩子少走弯路错路，忽略了孩子的内心需要、身心特点规律和人生理想。家长应该理智地对孩子施爱，把握爱的分量和尺度，从学生道德和良好行为培养入手，把孩子培养成才。

我国现代教育家陶行知认为："道德是做人的根本，如果根本一坏，纵然你有学问和本领，也无甚用处。"没有道德的人，学问本领愈大，就能为非作恶愈大。部分学校和家长把学习成绩作为评价学生好坏的标准，成绩好代表优秀，成绩好代表道德品行好，成绩可以掩盖其他方面的缺点，给学生造成只关注学习成绩忽视道德养成和行为养成上的失范。

2.关注孩子道德培养

家长需要改变重智育轻德育的思想，提升对德育的重要性认识，关注孩子道德修养、心理健康的培养，把对孩子的评价标准从智育成绩转为道德行为上，从德智体美劳全面发展来考察孩子、评价孩子，使孩子能成为道德高尚、行为得体、知识渊博、诚信感恩、爱国敬业等全面发展的人。同时面对现在竞争压力大、物质丰富、精神匮乏的时代，大学生面对着各种选择、各种思想和各种诱惑，极易迷失自己，心理缺乏归属，产生不良情绪，甚至产生心理不适和疾病，家长需要结合学生的心理发展特点，关注孩子的心理变化，及时发现和解决问题，纠正错误认识，强化正确的道德观念，帮助孩子形成正确的社会责任感。

（二）创设社会责任感培育环境

家庭教育要努力优化社会责任感培育环境，增加大学生在家庭生活中的社会责任感体验，促进良好责任行为的养成，使社会责任感从"实然"走向"应然"。

1.分配家庭任务，让大学生承担日常家庭责任

由于独生子女、生活条件和传统观念等的影响，家长多数把注意力集中在孩子学业的培养上，几乎不让孩子承担照顾长辈、打扫卫生等任何家庭义务，孩子没有承担家庭责任的意识，把家庭中获得的照顾当作理所当然，产生轻视家庭责任的不良意识和习惯，自然不可能具有社会责任的情感体验。因此，家长应与学校教育结合，以打扫卫生、承担家务、照顾长辈、办理家庭事务等方式给学生创设责任情境，对完成任务的情况进行表扬或者批评，使其明确家庭中的角色定位，建立家庭责任感。

2.坦诚家庭困难，让大学生承担家庭问题责任

家庭生活中不可避免地会遇到诸如经济压力、家庭矛盾、父母失业、突发疾病等一些困难，一般家长的做法是独立承担，不告诉孩子，唯恐影响孩子的学习。其实，当家庭遇到困难时，正是锻炼大学生社会责任感行为，进行责任感情境教育的最佳时机。家长应该让学生明确家庭遇到的困难，共同参与商量解决办法，给孩子分担相应的任务，孩子参与这些环节会在了解问题、制定决策等方面提升对家庭、他人和父母的责任感。

3.注重责任养成，让大学生自主进行责任选择

父母需要教育孩子作为家庭成员的责任，日常生活中的琐事需要孩子自己处理，明确其在家中的定位。家庭中要教育孩子对自己行为和决定产生的后果负责，要勇于承担，不逃避问题，也就是不逃避个人责任，培养孩子履行社会

责任感的习惯和勇气。在家庭中，父母要教育孩子拥有爱心，懂得感恩，感恩父母培养、感恩自然环境、感恩他人帮助、感恩老师教导等，从感恩开始到有回报之心，产生回报行动，尝试并承担对父母、家庭、他人和社会等的责任。

（三）家庭社会责任感培育的内容

1. 培育孩子的自我责任感

一个人只有身心健康，珍爱生命，意志坚强，才能担负起更大、更多的责任，因此家长需要对孩子进行生命教育，教育其养成生活的良好习惯，关注身体，进行身体锻炼，关注心理健康，有缓解压力和解决困扰的办法。家长要关心孩子的学习和智力教育，培养其独立学习和独立生活的习惯。同时，关注孩子个人道德和品行的成长，引导孩子能在学习的同时关注个人道德的养成，给他们提供更多的承担责任和做事的机会，锻炼与他人友好和谐相处的能力，养成良好的道德情操，拥有自觉承担个人应肩负责任的意识。家长在家庭中应营造民主、平等的氛围，给予孩子充分的权利和自由，家庭事务中要尊重和征求孩子的意见，使孩子养成独立的判断能力和个体的责任意识，教育孩子对自己行为和选择的后果负责。家长应给孩子更多的机会做出决定，学会抉择，承担决定带来的后果，锻炼孩子负责任的能力。

2. 培育孩子的家庭责任感

家长需要对孩子进行家庭责任感培育，教育孩子完成自己个人事务后，还应该按照家庭中的分工和角色完成自己对家庭及成员应该承担的责任，通过布置家庭任务，讨论家庭事务，共同决策，培养孩子对家庭的责任感。家中发生大的事情，一般家长考虑孩子小、影响学业等原因不告诉孩子实际情况，其实即使孩子不能处理也需要了解事情的真相，从而学会体谅、理解父母，学会在逆境中成长，学会承担，使其有家庭成员的知情权，学会分担责任，找到自己在家庭中的价值和责任，明确自己的角色定位。同时，家长应对孩子进行感恩教育，从感恩父母引导到感恩他人，延展孩子责任的承担范围，使孩子拥有对家庭、他人的责任感。

3. 培育孩子对他人、集体的责任感

家长要培养孩子对待他人的态度，要讲礼貌，对人尊重，关心他人，对他人有一定的同情和怜悯之心，尊重他人的劳动果实，不对他人产生嫉妒，关心帮助需要帮助的人，学会为他人着想。积极参加集体活动，在活动中能正常与他人沟通、交流，为集体努力贡献力量，拥有很强的集体荣誉感，在集体中生

活自由并能为集体贡献力量。尊重生命，有对自然环境的责任，爱护动植物等一切生物，有较强的对自然的责任感，有正确的人与自然之间关系的认识，寻找并遵循生态自然平衡，维护自然与人的和平发展。

4.培育孩子的社会责任感

家长需要对孩子进行社会责任感培育，教育孩子参加社会事务，通过社会实践、勤工助学等方式了解社会，增强对社会现实的认识，带动孩子积极参与志愿活动、义务劳动、公益捐款等活动，在活动中使孩子了解社会、认识社会，通过社会事务的参与增强社会责任感，在社会的锻炼和融入中找到个人的价值和位置，明确自己的价值。学生需要了解国家政策，关心国家事务，理智爱国，将个人的发展和国家的前途命运、发展紧密地联系在一起，矢志通过个人努力增强国家实力，逐步提升社会责任感。

二、发挥家长社会责任感培育作用

父母是孩子的第一任教师，他们的言行对孩子有重要影响。托尔斯泰曾说："全部的教育，至少百分之九十九的教育都能够归结到榜样力量上，归结到自己父母的言行的端正和完善上。"父母如果缺乏社会责任感，孩子在他们身上和成长过程中就会获得负面的、缺乏社会责任感的影响，进而造成社会责任感缺失，因此，家长要积极发挥榜样和示范作用对孩子进行社会责任感培育。

（一）家长发挥表率作用

苏联教育家马卡连柯说："你们（家长）自身的行为在教育中具有决定意义。不要以为只有你们同孩子谈话，或教导孩子、命令孩子的时候才是在教育孩子。在你们生活的每一瞬间，甚至当你们不在家的时候，都在教育着孩子。"家长的榜样和示范对孩子的人生观、价值观、世界观形成和确立有着影响，对孩子一生的健康成长都有影响，具体要做到以下三个方面：

1.家长要信守承诺

诚信是学生个人道德，也是社会责任感的重要组成部分。诚信的品德在家庭和家长身上受到影响较大。很多家长和孩子交往中为了让孩子听话或者完成某项任务随意答应孩子的要求，最后不愿兑现或不能兑现，对孩子产生失信的行为，这些行为会逐渐消解孩子对父母的信任，父母的权威降低。随着这类内容的增多，父母在孩子心目中的负责任形象会渐渐消失，进而失去威信和孩子的信任。这种影响是极其恶劣的，孩子会效仿父母的言行，产生轻易许诺和不履行诺言的行为，养成对言行不负责任的坏习惯，影响孩子的交往和未来社会责任感的形成。

2. 家长要以身作则

家长要在学生社会责任感的培养中以身作则，不能因家长的权威对孩子进行要求，而不注意自己是否能做到。随着孩子的长大，他们对家长给予的指令会进行判断和分析，如果家长本身经常做不到，那么孩子就会慢慢地不执行家长的指令了。因此家长在社会责任感培育中要做到以身作则，在自我责任感方面，应珍惜时间，爱护生命，有良好的生活习惯，心理健康，情绪平和，能积极地面对压力和挑战；在家庭责任感方面，家庭和睦，夫妻融洽，忠诚专一，孝敬长辈，承担家庭责任，遵守婚恋道德，营造民主和谐的家庭氛围；在对他人责任感方面，关心朋友，信守承诺，遵守公德，承担社会事务和责任；在社会责任感方面，关心国家，爱护环境，尽职工作，奉献社会，完成社会责任。

3. 家长要以身示教

第一，家长要提高修养。家长作为孩子的第一任老师，对其社会责任感形成作用很重要，但是，很多家长由于缺乏子女教育经验导致犯了很多错误。因此，在大学生社会责任感培育过程中，家长要不断提升自己的修养和教育能力，根据孩子的身心发展特点，结合教育规律，掌握更多的教育方法，注意个人道德和行为的修炼，不断提升精神境界，在自我、家庭、工作、交往和社会等方面展现出较好的表率和示范，为孩子模仿提供指引。

第二，家长要树立正确的教育目标。家长应该改变重视智力开发，忽视道德教育的态度，将孩子的家庭教育目标定位为注重道德修养和行为能力提升，把观点灌输传达给孩子，让孩子明确家长关注的内容和对象，孩子会根据家长的重视内容做好相应的思想和行为准备。家长应注重道德修养，给孩子营造道德榜样，讲述道德事例，考核孩子道德表现，促进孩子道德水平提升。家长应注重孩子行为能力养成，通过让孩子参加家务劳动、参加社会实践、参加农业劳作、勤工俭学等锻炼劳动能力，养成勤俭耐劳的品质，养成通过劳动换得报酬的思想，养成分工合作的意识，养成良好的行为和独立生活能力。

第三，家长要身教示范。社会责任感要经过不断认知、认同、练习、强化而形成。家长是子女最初、最久的道德学习和模仿对象，孩子的日常言行都以父母为榜样来学习和效仿。为了让孩子养成良好道德品质和行为习惯，多数父母往往会提出很多要求来规范孩子的言行，但是一些要求父母本身也做不到，不能起到以身示范的作用，孩子就会产生疑问，不能按照父母的要求去做。父母的言行像没有文字的教科书那样影响着孩子。在日常生活中，父母要规范自己的言行，发挥身教的重要作用，做到关心自己、善待他人、遵守公德、承担责任，杜绝不良言行的发生，为孩子提供正确的道德和行动示范，如果做错事情也要勇于承认错误，展现父母对于错误的态度。

（二）家长教育方式要正确

在家庭教育中，家长要善于使用智慧和方法，合理运用平等、鼓励和民主等正确的教育方式增强教育效果。

1. 平等的教育方式

家长对孩子具有绝对的权威，教育方式很多，但采取平等交流的教育方式较为有效。大学生正处于青春期，独立和自主意识逐渐增强，有了自己的主见，对社会、人生有着自己的看法，对待权威有着叛逆和挑战的逆反心理，对待家长的教育有着自己的看法，会经过个人的选择接受教育内容和方法，因此，家长的教育方式要采取平等交流方式为主，放下长辈的架子，尊重孩子的个性和主体地位，用民主、平等的方式与孩子进行讨论，通过讨论传达教育内容，在孩子思想中形成正确认识，促进其行为形成。

2. 鼓励的教育方式

在现在的家庭结构中，独生子女受到父母、学校、教师的过多关注，缺少实践，造成生活能力较差，承担社会责任感的能力不足。因此，家长的教育方式要以鼓励和表扬为主，避免过分的溺爱和过于严厉的批评，鼓励孩子积极承担责任。虽然鼓励教育，但是家长要注意尺度，对孩子的缺点和原则错误不能偏袒，要和孩子在分析错误中总结经验，促进其行为的更正。

3. 民主的教育方式

为了让孩子能履行各方面的责任，家长要改变社会责任感与孩子无关的错误观念。家长需要给孩子营造一个民主、平等的家庭环境，尊重每名家庭成员的地位和权利，民主地决定家庭中一些重大事务，在民主氛围中使孩子养成一种独立、承担、义务等意识，拥有主人翁责任感，也就是拥有了社会责任感的前提。周恩来、邓颖超同志把他们的家庭民主管理总结为"八互"原则：互敬、互爱、互信、互勉、互帮、互让、互谅、互慰，对我国家庭教育很有启发。同时，家长应提升对孩子承担责任的期望值，让孩子明确家长不仅关注学习成绩，更关注人格和品德的发展。家长要充分尊重大学生自己的决定，培养孩子自主意识和独立决策能力，给他们创造更多责任承担的机会，在民主和谐平等的家庭氛围中，培养大学生的家庭责任感。

（三）家长积极承担责任

父母对孩子的行为有着重要的影响，有时我们常说孩子的脾气像父母，除了遗传基因方面的原因外，主要原因是父母生活中的行为、道德等对孩子产生了影响，孩子在社会上会用父母的做法来对待人和事。因此，父母要勇敢承担责任，有较强的社会责任感，给孩子塑造良好的典范。

1. 积极与外界交往

父母不应故步自封，缺少与外界的交往，要更多地为自己和孩子创造与外界交往的机会，多接触社会，参与社会团体，参加社会活动，通过交往形式表现出关爱他人、尊敬长辈、热心社会事务、保护环境等一些亲社会行为，特别是工作中应展现敬业的职业精神，为孩子树立良好的社会责任感模仿榜样。

2. 勇敢承担生活中的责任

家庭生活和社会生活中处处都有责任，家长要勇敢承担各方面的责任，树立良好的形象。在家庭责任感方面，家长要建立平等的家庭环境，夫妻和睦相处，各司其职，相互帮助，共同教育孩子，遇到问题勇敢承担，为家庭的发展贡献力量；孝敬父母，照顾幼小，主动赡养老人，给老人物质和精神上的关心，保证老人生活无忧，心情快乐。在对他人责任感方面，家长应正确处理邻里关系，与他人交往讲究诚信，主动承担责任，真诚待人，心怀美好，对有困难的人要给予力所能及的帮助，树立平等意识。在社会责任感方面，要有公正之心，关心社会发展、国家事务，对社会丑恶和错误的方面要给予批判和斗争，拥有社会公德，爱护公物，保护环境。

（四）营造温暖和谐家庭

家庭需要经营，家长应通过组织家庭文化活动、满足孩子合理要求等方式营造温暖和谐的家庭环境，这样可以培养家庭成员的归属感，有助于社会责任感的形成。

1. 营造温暖的家庭环境

家长应给孩子提供物质、精神和心理等全面的、健康的生活环境，要在精神和物质生活上关心孩子，为他们提供必要的物质生活条件和精神生活关怀，两者不能偏颇，要实现物质和精神的平衡。父母应多陪伴孩子，尽量多与孩子交流，给孩子更多精神和心理的安慰。父母对孩子应采取正确的教育方法，用

鼓励、期待的方法，营造民主的氛围，建立平等的家庭环境，使孩子在温暖氛围中长大，体味家庭的温暖，找到归属，即使是离婚家庭或者单亲家庭，作为父母也不要把家庭的不幸和问题过多转嫁给孩子，避免对孩子心理造成伤害和阴影，要鼓励孩子正常面对家庭和学习生活，有着正常的心态和心理，对家庭充满正面的美好感情，为养成社会责任感奠定基础。

2. 丰富家庭文化生活

家庭文化生活对促进家庭和谐、满足成员精神需要等发挥着积极的作用。由于年龄、性格、爱好和身体条件等原因，在选择家庭文化活动时要更多地选择家庭成员能够全部参加的活动，尽量满足家庭成员的共同或者绝大部分需要。一个家庭拥有丰富的家庭活动，能满足家庭成员的感情和文化需求，使得家庭拥有凝聚力。家庭文化生活要组织智力型活动，要为孩子学习、生活提供必要条件，为孩子智力开发营造氛围，父母在关心学习智力型活动的同时要与孩子做精神上的交流，保证孩子智力和精神同步发展。家庭文化生活要组织亲社会型活动，多让孩子走出家庭，走到社会，开展参观、旅游、公益等活动，让孩子深入社会，接触他人，熟悉社会规则，增长见识，开阔视野，锻炼并学会承担相关责任。开展家庭文化活动要与家庭成员进行讨论和沟通，待共同协商意见统一后再实施，通过共同的研究和一起执行，家庭成员在活动中更容易凝聚在一起，有利于提升所有成员的归属感，培养家庭责任感。

3. 满足孩子的合理需求

现代家庭中，由于孩子多是独生子女，加之家庭经济条件的优越，很多家长对孩子的需要不加分析，孩子成为家庭的绝对中心，孩子的想法不管是否合理都能得到满足，使得孩子不知道珍惜和感恩，认为自己获得的东西是理所当然的，于是对父母的付出不感恩，对获得的东西不珍惜，而且获得得太过容易，不能产生对劳动辛苦的体会及敬畏，变得任性、自私、缺乏进取心。家长虽然意识到问题的存在，但是很多家长没有很好的解决方法。家长可以适度满足孩子的需要，孩子提出需求后，家长要进行判断，是不是合理和必须，如合理、必须就给孩子满足，如不合理、必须就要和孩子交流，讲清楚不能满足孩子要求的原因，让孩子明白为什么。同时，家长要放弃权威，切记不要只从自己的角度出发来判断孩子的需要，要和孩子交流，了解他们的心理和需求，建立相互的信任和尊重，同时，也要给孩子正确的教育和指引，教育孩子合理提出自己的需要，承担自己应该承担的责任，学会感恩和珍惜父母提供的条件，对家庭应感恩，有责任感。

4.培养孩子的独立精神

培养孩子的独立精神和独立生活能力是家庭教育的一个重点。由于独生子女的社会家庭现状，过多的疼爱集中在独生子女身上，孩子的事情过多地由父母及长辈包办了，使孩子失去了独立处理问题的能力，也就失去了家庭中的角色定位，角色迷失也使孩子失去独立意识，自然没有家庭归属和缺乏社会责任感了。因此，父母要培养孩子的独立精神，不溺爱，不娇惯，教育孩子自尊、自强、自律，凡是需要自己完成的工作必须通过自己的努力完成，并且给孩子提供更多的处理问题的实践机会，使其懂得权利与义务、奉献与索取等的关系，使享受与劳动并存，培养孩子独立的精神，为其未来发展打下基础。

三、家庭、学校和社会"三位一体"培育机制

加强和改进教育工作，不只是学校和教育部门的事，家庭、社会各个方面都应一起来关心和支持。只有加强综合管理，多管齐下，形成一种有利于青少年学生身心健康发展的社会环境，年青一代才能茁壮成长起来。教育作为一个系统工程已经得到共识，因此，作为一个系统中的各个要素都要参与到教育中来，学校、家庭和社会都需要遵照教育规律形成"三位一体"培育机制，即按照各自的分工，协同、整合、组织到一起，共同完成教育目标。

（一）"三位一体"培育机制内涵

学校教育是系统、科学和正规的教育，是指教育者根据一定的社会要求，依据受教育者的身心发展规律，有目的、组织和计划地对受教育者实施教育影响，促使受教育者向着预期方向发展的活动，对大学生社会责任感培育起主导作用。学校教育中，教育者要整体上做好社会责任感培育的计划，营造良好的教育氛围，建设较好的校园环境，注重师德建设，形成全员育人格局，制定社会责任感培育评价机制，对学生社会责任感培育负有主要责任。

家庭教育是在家庭生活中，由家长对子女实施的教育。家庭教育是学校教育和社会教育的基础，它是家长有意识、有目的地通过家庭生活实践和自己的言传身教，对子女实施教育的活动，对社会责任感具有打基础的作用。家庭教育中，父母应注重培养学生社会责任感，多关心沟通孩子，给孩子提供更多的负责机会，尊重孩子的主体意识，营造民主平等的家庭环境。

社会教育是指社会文化团体、教育机构、组织对社会成员进行的教育，是指社会生活中对人的身心发展起积极促进作用的各种教育性因素总和，具有教育对象全民性、主体多样性、内容多样性、时间终身性、作用普遍性、形式开

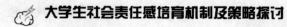

放性等特点。社会教育中，教育者应注重各种宣传，营造较好的社会环境，建立规范制度，批判和惩处违背社会责任的行为，营造社会责任感的主流舆论和价值导向。

（二）"三位一体"培育机制的运行原则

一个人受到的教育来自学校、家庭和社会三个方面，三者在整个的教育中有着不可估量的作用，它们相互影响，相互促进，虽然不能统一，但也不可分割、孤立存在。我们需要将三者有机整合，形成社会责任感培育的联合力量。

1. 学校教育发挥主导作用

我们要坚持学校教育的主体意识，特别是大学阶段的学校教育对大学生成长的影响远超过家庭和社会教育，家庭和社会要积极配合。学校教育要从师德建设、环境育人等方面积极培养大学生的社会责任感，养成学生良好的社会责任感行为。

2. 坚持学校教育与家庭教育的紧密结合

家庭教育为学校教育提供了前期准备和基础，在大学教育期间，家庭教育是学校教育的有力补充。学校应与家长多沟通学生学习、生活、行为和道德教育方面的情况，家长应积极配合学校，从家庭的角度对学生进行教育。学校教育可以采取家长会、家访等方式与家长沟通，促进学校教育和家庭教育的育人合力形成。

3. 学校教育要与社会教育联动

学校教育要与社会教育资源紧密合作，创新合作教育形式，如可以组织学生进行参观、见习、实习、参加社区活动、参加志愿服务等，充分利用社会资源实现教育目的，通过社会实践增强学生的社会责任感。

（三）"三位一体"培育机制的优势

培育机制的主要优势是体系科学、资源整体优化、突出实践和创新发展。

1. 体系科学

体系科学是指符合教育的规律要求。科学的教育是立体的，它分为三个层面，家庭教育、学校教育和社会教育。按照教育规律将学校、家庭和社会教育整合在一起，使三者的本质联系在一起，能够让教育更有科学和系统性。

2. 资源整体优化

资源整体优化是指学校、社会和家庭等三方立体培育机制涵盖了社会责任感培育内容、培养途径、需求资源的全部，通过培育机制将资源整合一体，为教育内容、培养方式、培养途径等提供资源保障，把各种因素、力量整合形成统一力量的提升培育的实效。

3. 突出实践

突出实践是指培育模式解决了学校和家庭教育重视说教、理论教育的弊端，将实践引入教育养成中，通过培育机制将实践与理论，也将社会责任感的学校和家庭教育效果做了必要的检验，在实践中提高大学生对社会责任感的理解和认知，培养大学生履行社会责任感的意志和能力，并将思想认识转为正确的行为。

4. 创新发展

创新发展是指三方培育联动后，将形成很多社会责任感培育方面资源、方法和思路的创新，推动社会责任感培育乃至德育向良好的方向发展。

（四）"三位一体"培育机制的运行方式

学校是学校教育的核心场所，但学校教育还需要联系家庭教育、社会教育共同形成教育合力，达到培育教育效果的最优化，促进学生成才。

1. 建立家校联系

高校教育不能孤立存在，必须联系家庭，借助家庭教育的力量，实现家校互通，相互配合，这样才能实现学生的全面成长。高校应主动联系家庭，通过家长会、学校开放日、家访等形式介绍学校的教育管理情况，与家长沟通学生的表现，使家长了解学生的特点和问题，以便对症下药，帮助学生解决问题和困惑。

2. 学校加强与社会联系

社会教育对学校教育的成效有提升或者削弱的作用，学校教育应积极主动地利用社会教育资源和力量对学生的道德教育进行巩固和提升，社会营造履行社会责任感的良好氛围，积极宣传优秀榜样，惩治不负责任的社会行为，形成健康的舆论氛围。

3. 家庭教育要与学校、社会教育结合

家庭教育是学生教育的出发点，学校教育对学生教育有着重要的影响，社会教育对家庭和学校教育成效有巩固作用。家庭教育要与学校、社会教育结合，与学校教育互通消息，设置共同目标，配合完成教育任务。家庭教育应利用社

会教育资源，通过学生到社会场所参观、生活、实践等方式，验证和提升家庭教育的成果。

（五）发挥家访在家校教育结合中的作用

在家访的过程中，教师必须实事求是、全面地向家长介绍学生在校表现。教师要认真听取家长的反映，虚心接受家长对学校的意见，通过深入细致的家访工作，加强家校情感的沟通。家访是指教师有计划、有目的地同学生家庭进行联系和沟通，期望得到家长的配合，形成学校、家庭共同教育学生，实现培养目标的教育方法，是提高学生思想政治教育实效性的有效途径。

1. 大学生家访工作的重要意义

大学生具有情感较为感性、个性较为自我、成长动力不足和理想目标淡薄等问题，这给教育管理带来了一定难度。家访工作是辅助解决这些问题的一个重要方式，其开展情况影响到思想政治教育的效果，关系学生的成长和成才，意义十分重要。

第一，大学生家访工作是形成家校合力育人环境的重要基础。

著名教育家苏霍姆林斯基说过："教育效果取决于学校和家庭教育影响的一致性。如果没有这种一致性，那么学校的教学和教育过程就会像纸做的房子一样倒塌下来。"家庭教育和学校教育的一致性是教育效果的客观保证，家访工作是把学校和家庭联系在一起的重要手段。家访可以拉近教师、家长和学生之间的距离，有助于结成"学校—家庭"教育同盟，协调两者步调，使其一致，有利于整合教育资源和互相间的配合协作，形成合力育人环境，有效解决学生成长中的诸多问题。

第二，大学生家访工作是增强思想政治教育实效性的重要保障。

作为教育对象的学生情况十分复杂，要想准确分析学生问题产生的原因，找到教育对策，必须了解其家庭的教育方式和成长环境。家访可以使教育者了解学生的居住环境、家庭条件、家长教育观念及学生成长经历等情况，获得学生成长的第一手资料，使教育者能明晰学生问题产生的原因，有针对性地对学生进行思想政治教育，既能增强教育的实效性，也能提高学生对教育的接受度。

第三，大学生家访工作是提升教育者素质能力的重要平台。

家访工作的参与者是高校教师，主要是高校辅导员，他们在家访中通过选拔对象、制订计划、实地访谈、总结情况和处理问题等工作锻炼协调组织能力；通过深入不同家庭家访，掌握学生情况，可以激发育人意识和责任感；通过感受不同家庭教育的特点，完善教育沟通技巧，感受教育学生的成就和价值，提升教育工作水平和能力；通过走出高校，深入社会，增强对现实情况的了解，使身心受到洗礼。

2. 大学生家访工作的现状

家访工作对学生成长有重要的意义和作用，但高校、教师、家长等要素都存在待解决的问题，一定程度上影响了工作效果。

第一，高校方面。

近年来，很多高校已经认识到学生家访工作的重要性，一些省份教育主管部门和高校都对家访工作提出了倡议和要求，积极推进此项工作开展，还设立了专项课题促进理论研究，在这种形势下，学生家访工作呈现蓬勃发展的态势，但也存在着参与面较窄、沟通模式单一、长效机制不健全、缺少专项经费、实施阻力大、受众面较小、认识不统一、重视不足和时效性较低等问题。

第二，高校教师方面。

高校教师参与家访的主体是辅导员，特别是学生辅导员，他们能参与到家访工作中，与学生家长深入交流，了解学生的学习成长经历。他们积极地进行了理论思考和实践践行，在实践和理论层面都取得了积极成果，但存在家访的形式比较单一、认识不到位、工作形式化、质量不高和方法不当等问题。

第三，家长方面。

家访工作开展需要学生和家长的配合，很多家长愿意配合教师研究孩子的教育问题，深入了解孩子在校情况，制定孩子的成长规划，促进学生的全面发展，但存在着个别家长对家访工作不配合，甚至有一定误解和抵触情绪等问题，这些阻力对家访工作的有效开展产生了不利的影响。

第三节　自我教育是大学生社会责任感培育的关键因素

自我教育是指在教育者的影响和启发下，受教育者发挥自主因素进行自我调节、自我控制和自我修养的思想行为。它是大学生健康成长的保证，是思想政治教育效果实现的长效动力，是增强大学生社会责任感的保障。因此自我教育是大学生社会责任感培育的关键因素，只有养成自我教育意识和能力的大学生才能有长期的、稳定的社会责任感。真正的教育，应当是自我教育，而自我教育的过程，也是责任感的形成过程。

一、提升自我教育能力的宏观途径

著名教育家苏霍姆林斯基指出："只有促进自我教育的教育才是真正的教

育。"自我教育是学校思想政治教育的重要方法，教育者根据受教育者的身心发展特点和教育目标进行适当指导，发挥受教育者的积极性和自觉性，把教育者的要求内化为自己的努力目标，宏观上需要受教育者从自我认知、自我激励、自我体验和自我调控等四个方面能力的提升作为实现自我教育的途径。

（一）自我认知能力的提高

客观、正确的自我认知是自我教育开展的基础，认知是行动的内因和根源。人的发展动力是个人能客观、全面、正确地认识到现实自我和理想自我之间的距离，准确分析产生的原因，这样才能在现实中不断努力，缩短差距。因此，只有正确地认识自我，才能对自己提出合理要求，实现现实自我向理想自我的转化和提升。大学生自我认识能力的培养，要从正确地认识和评价自己入手，了解自己的位置、定位和责任。著名职业生涯规划大师舒伯提出的终身职业生涯发展理论中的生涯彩虹图，形象地展现了生涯发展的时空关系。大学生在大学学习期间扮演着子女、学生、休闲者和公民等多重社会角色，作为子女，大学生应该注重慰藉父母精神，孝顺父母，感恩父母抚养，履行赡养的义务；作为学生，大学生应锤炼品德，学习知识，锻炼技能，不断提升综合素质；作为公民，大学生应该遵守国家法律，遵守社会道德规范，感恩回馈社会，积极参加民主活动，热爱祖国，自觉维护国家安全；作为休闲者，大学生应关注自己的身心健康发展，掌握身心健康的方法，平衡好学习、工作与休闲之间的关系，为其他角色提供身心健康的保证。

提高自我认知能力有很多方法可以借鉴。

1. 借用科学的方法认识自己

要想精准地了解现实的自己，大学生可以借鉴职业生涯规划、心理学、教育学和管理学方面科学理论和知识，对自己的言行和表现进行测量，从量表的测量结果客观地分析出自己的现实情况，发现自己的优缺点，并找到未来努力的方向。

2. 借用经历回顾认识自己

人对自己的了解是比较困难的，个人有些问题是自己无法发现的。大学生可以通过回顾个人亲身经历的一些事件，总结个人成功与失败的方面，进而形成对个人优缺点的认识，不断反省和修正自己。

3. 借用他人的评价认识自己

大学生可以通过征询、调研和了解他人对自己的客观评价来全面认识自己。

大学生可以通过周围的老师、同学、朋友、家长和社会人员对自己的评价，了解他人对自己的认知，真正总结出他人眼中的公开我、潜在我和秘密我等，不断调整自我，找到个人努力方向。

（二）自我激励能力的提高

学生不断进行自我教育的动力源于自我激励能力，其为自我教育提供巨大的动力支持，从而保障个体的不断完善和社会责任感的提升。大学生自我激励的强弱程度与个人理想远大与否紧密联系，大学生如果拥有理想，且理想远大，他就有了不断前行努力的动力；理想实际可行，他就有信心去努力实现；理想较为消极，他就没有自我教育和完善的动力及行动。培养大学生自我激励的能力，可以通过多种方式来进行。例如定期开展表彰大公，肯定大学生的言行，通过表彰把大学生中学习好、思想端、成绩优的学生挖掘出来，对其奖励，增强其个人努力和承担责任的信心，也能对他人起到很好的示范引领作用。再如组织开展以大学生为主的，把理想目标和现实目标结合起来的座谈、报告、实践等方面的活动，通过参与活动让学生树立现实而高远的理想，增大自我激励的强度，并转化为努力的实际行动。

（三）自我体验能力的提高

自我体验是个人对自己的一种情感和情绪体验，即主观我对客观我的一种态度，这种情感体验与自我评价和对社会道德规范的认知等有关。自我体验能力是当客观我满足主观我的标准和要求时，主观我产生肯定、积极的情感体验，表现为自我满足和自我愉悦；当客观我没有满足主观我的标准和要求时，主观我产生否定、消极的情感体验，主要表现为自我否定和自我谴责。自我情感体验能力对于社会责任感培育有着重要的作用，它是一种力量，也像一架天平，对个人行为是否满足社会责任要求进行评判，并对行为进行不断调节和修正，保证个人行为按照社会责任感要求的方向发展。比如家长给孩子创造了一个温暖有爱的家庭环境，学生就会产生依赖家庭和承担家庭责任的体验；教师关心爱护学生，爱岗敬业地传授学生知识，学生就会有热爱职业、关怀他人的体验；学校和班级充满人文关怀，师生间合作融洽，关爱有加，学生会体验到集体的温暖，愿意为集体工作贡献，产生对集体的责任感。大学生的情感、情绪体验是自我认知提升的推动剂，在自我认知和自觉行动中起到动力作用。良好的情感情绪体验可以让学生形成行动意志，推动个体产生行为，并发现和修正认知、行为上错误，保证个体任务的顺利完成。

（四）自我调控能力的提高

面临着市场经济的激烈竞争和社会变革发展，当代大学生的身心不断受到挑战，特别是大学生的心理处于从青春稚嫩到成人成熟的重要阶段，面对着日益纷繁的情况，大学生会显得无所适从，加之学业、就业、成长等方面的压力，大学生的身心负担很重。因此，做好自我情绪调节、缓解身心压力、遏制心理问题成为大学生需要解决的一个重要问题。自我调控是指人主动地、定向地调控自己心理特征、品质及行为的心理过程，也就是用理智控制情感和约束言行。自我调控的能力培养实质是自我批评、自我控制和自我意志等的修炼，最终达到"慎独"的高层境界。"慎独"是一种中国古代对人的最高要求，意思是指在一个人进行独自活动时，在无人监管并存在不良诱惑的情况下，该人能按照道德规范和原则去做人做事，它是一种强调主体内心信念、保持独立人格的修养，是一种严格要求自己的道德自律精神。大学生在学习、生活中，往往会遇到顺利和不顺利两种情况。在顺利情况下，按照个人想法努力实施的过程中，需要大学生调节自己的思想、言行，不放松思想和行动，发挥创造力，较好较快地完成任务；在不顺利情况下，大学生要及时调整计划，克服心理冲突，建立应对困难的决心，不断修正自己，强化前行意志，使任务圆满得到解决。

二、提升自我教育能力的微观途径

宏观上的途径对大学生提升自我教育能力有很大的指导，在注重宏观途径的基础上，大学生也需要从自省自律、注重实践、学习榜样和网络修养等四个微观途径着重努力。

（一）自省自律

1. 自省

自我反省是一个人不断认识自己、不断进步的重要途径。自省也是儒家传统的教育方法，是一种简单易行，不受年龄和时间、地点限制的行之有效的方法。反省个人应当以主动性为前提，对过失行为和不良道德责任倾向进行自我监察，自我纠正，调整自身情感与意志。通过进行经常性的自我反省，大学生可以找到自身优劣势，比照个人行为与社会现实要求的差距，发现他人良好的道德品质，并从中对比出自己的问题缺点，主动寻求榜样，不断总结学习，进行自我教育，实现个人的不断进步。教育者要不断反思，创设教育环境，协助受教育者进行自省自查。

2. 自律

所谓自律，就是即使在没有习惯和法律的条件下也能做出独立的判断和行动，就是将行为准则当作自身的法加以内化而获得的自由。自律是个人的言行严格地按照社会道德标准进行，并不断进行自我调控，形成一种道德自省和行为自觉。自律是提升大学生自我教育的重要途径。大学学习期间是大学生培养自律精神的重要时期。这一时期，大学生没有升学压力，没有严格的教师监管，没有父母的陪伴要求，是培养学生独立精神、独立人格和自律精神的重要时期。但宽松的环境、没有压力的生活也给大学生约束、控制自己言行带来了极大挑战。因此，大学生要依靠自律控制自己择善而行。大学教育者需要严格学生管理、引导学生自我约束，帮助学生养成反省自律观念，开展自我批评，养成学生慎独自律行为，最终成为有用的合格人才。

（二）注重实践

认识来源于实践，并且要靠实践来检验，实践既能促进大学生自我教育能力的提升，也能检验大学生的思想和言行。大学生只有通过参与校内外实践活动，才能洞悉事物内部，看清规律，增强对社会的认识，明白社会的要求，增强对个人思想的认识，把理论和实践结合。实践给大学生提供了走出校园、见习承担社会责任的途径，作为社会的一分子，大学生必须到社会的大熔炉中去锻炼，这样才能换得认可和尊重。大学生也只有到社会中才能真正体味责任的意义。这些都需要实践作为途径，因此大学生要以一种积极主动的态度和认识来参加社会实践。除参加校内竞赛、实验等实践活动外，大学生还应该主动积极参加学校以外的支教助学、公益实践、志愿服务等社会实践活动，在校内外实践活动中强化自我教育，从而增强自身社会责任感。

（三）学习榜样

榜样的力量是无穷的，在自我教育过程中，学习榜样更直接、更形象、更生动。榜样人物的优良品质和示范作用具有极大的感召力和感染力，大学生学习和模仿榜样典型、模范人物的事迹和行为时，可以使自己的情感和行为得到巨大的提升。我国悠久的历史和文化，给大学生学习提供了无数的榜样和典范，特别是近代中国共产党人在打败侵略者、争取民族独立、建立新中国、进行社会主义建设、发展国家经济等方面涌现出无数的英烈和模范典型，他们的先进事迹、高贵品质，对集体、社会和国家的高度责任感对大学生进行自我教育有着极大的引领和帮助作用。大学生在这方面要进行学习和模仿，学习先进事迹，提升个人思想认识，模仿榜样行为，产生行为践行，使内外同步，做到知行合一。

（四）网络修养

信息时代科技和网络技术迅猛发展，大学生成为掌握信息和使用网络的主力军。网络为大学生搭建了学习和获取知识的平台，但由于匿名性、虚拟化、信息海量性、无国界性等特点，网络上的信息也良莠不齐，存在着暴力犯罪、黄色视频、虚假信息等信息及道德的失范现象。加之网络上的知识、理论、文章、观点等代表着不同的立场和观点，各种文化、价值观时刻进行着激烈的交锋。这些情况对于身在网络中的大学生而言是极具挑战的，一些大学生因此在网络上游荡，个人的价值观和社会责任感受到了很大的影响。面对这些情况，大学生自我教育的关键点就是强化个人网络修养，模范遵守网络上的道德规范，维护网络责任环境，增强网络责任感，坚守网络道德，不做违背道德的网络行为；认真辨别网上信息真伪，做到不传谣不信谣；提防网络犯罪，不参与和利用互联网从事非法活动，能抵住网络上的各种诱惑；肩负社会责任感，尽维护网络安全和社会健康的义务。

第四节　优化环境是大学生社会责任感培育的重要保障

马克思认为人的思想、观念的形成是外部客观环境影响的结果，因此，社会存在的外部客观环境决定着思想政治教育对象的思想和观念，客观环境的变化影响着思想政治教育对象的思想和观念的变化。张耀灿和陈万柏在主编的《思想政治教育学原理》一书中提出："思想政治教育环境是对思想政治教育活动以及思想政治教育对象的思想品德形成、发展产生影响的一切外部因素的总和。"该书强调了思想政治教育环境影响思想政治教育活动，学生所处的社会环境对其思想发展和学校教育策略有着很重要的意义。因此，社会责任感培育要想取得成效不能离开社会环境育人作用的发挥，下面，从营造良好的社会精神环境、社会舆论环境和社会监督环境三个方面探讨。

一、优化制度政策，净化社会精神环境

（一）优化政治经济政策

发挥制度政策在社会发展、道德行为方面的引领和导向作用，积极完善

和建立政治、经济制度，用制度来规范竞争和社会秩序，实现社会环境的清正，正如邓小平指出的："制度好可以使坏人无法任意横行，制度不好可以使好人无法充分做好事，甚至会走向反面。"

可以从以下几点，为培育社会责任感和行为履行营造社会精神环境。

首先，发挥政府在法律制定方面的职能，推进法律建设，根据政治、社会、经济、文化等方面的实际情况，迅速反应，完成相关的法律、政策的确立和执行，确立权利与义务、自由与责任相统一的机制，弥补不公平、有漏洞的环境缺陷，保证人们平等参与社会事务的机会和权利。

其次，政治方面要深入贯彻落实马克思主义和党中央的思想，增强政府工作人员廉洁从政、为民服务的意识，打造清廉、公正和服务型政府，惩治贪污腐败，减少政府公职人员的腐败及失职失范行为，用公正清廉、担当负责的政府形象对社会环境发挥引领作用，带动整个社会风气不断向着更加良性和健康的方面发展。同时，发挥党员及干部的先进模范带头作用，通过不间断的党内教育、学习等活动方式，要求广大党员及干部严格履行党员义务，遵守国家法纪，养成健康高雅情志，塑造高尚精神世界，树立光辉正能量的形象，用主动承担社会责任的实际行动和表现成为人民信任的榜样，鼓励社会大众积极参与社会事务，带动人民投身到中华民族伟大复兴中国梦实现的宏伟事业中，增强人民社会主义事业建设的社会责任感和历史使命感，推动国家和社会不断向前发展。

最后，经济层面上不断深化市场经济改革的同时，要注意协调社会经济矛盾，加强市场监管，促进公平合理的市场环境构建，着力完善社会分配制度，缩短贫富差距，减缓社会大众的不平衡感，在人人都享有经济发展带来的成果情况下，激发大多数人参与市场分工，自愿承担应尽责任和义务，加强市场中道德环境的调控，在公众中树立符合社会主义核心价值观要求的道德观念，为构建和谐稳定的经济环境承担社会责任。社会政治经济制度的完善，能够调动社会大众参与到社会事务中，既能增强大学生承担社会责任的自信心，又能为创造良好的社会责任感培育环境提供坚实的基础保障。

（二）培育和践行社会主义核心价值观

改革开放取得了举世瞩目的成绩，人们的视野开阔，一些市场经济和西方文化中的负面因素对国人思想和道德观念不断进行着冲击，大学生身上体现出越来越明显的个人主义和拜金主义倾向，社会主流价值观受到了前所未有的挑战。党中央审时度势，在十八大报告中提出了"三个倡导"，即"倡导富强、民主、文明、和谐，倡导自由、平等、公正、法治，倡导爱国、敬业、诚信、友善"的社会主义核心价值观。培育和践行社会主义核心价值观成为社会主义精神文明建设的核心，抓好其培育和践行工作可以极大地提升人民精神境界，促进社会责任感的培育。可以从以下三个方面努力：首先，建立培育和践行社会主义核心价值观国民教育体系。道德教育不是一蹴而就的，因而培育和践行社会主义核心价值观是一项长期工程，不是短时间内能完成的，需要从国民教育的宏观、整体规划来谋划，贯穿幼儿园、小学、初中、高中、大学等各类学校，融入教育教学和管理等各个环节，覆盖所有教育形式和载体，推动社会主义核心价值观进教材、进头脑、进课堂。其次，多方协同合力。培育和践行社会主义核心价值观需要社会、学校、家庭共同组成教育网络，学校从教育主体、社会从氛围营造、家庭从辅助推动等不同角度相互配合，协力完成培育任务，以良好的家庭氛围和社会风气巩固学校教育成果。再次，推进精神文明创建。社会主义核心价值观的培育依靠社会整体大的精神文明环境，开展文明家庭、文明村镇、文明城市等精神文明创建活动，可以提升社会精神文明程度。通过开展全民健身、全民阅读、最美个人等宣传和评选，可以提升公民个人的精神文明程度。通过举行重大节日纪念、重大活动仪式等开展爱国主义和民族精神教育，可以熏陶人们的精神世界。国家和各级政府部门应积极利用社会主义核心价值观在思想政治教育中的资源和作用，培育大学生认同和践行，承担时代赋予的社会责任。

（三）发挥优秀传统文化塑德养志作用

中华优秀传统文化蕴含着中华民族最深沉的精神追求和最根本的精神基因，滋养着中华儿女独特的精神标志。江泽民指出教育人民群众宣传主导价值观，应"以科学的理论武装人，以正确的舆论引导人，以高尚的精神塑造人，以优秀的作品鼓舞人"。中华优秀传统文化中蕴含着高尚的精神、优秀的作品，能发挥正确的舆论，这就要求高校社会责任感培育要把握优秀传统文化的命脉，发现和挖掘传统文化中关于社会责任感精神及培育的内容和元素，明确传承道路，发挥中华优秀传统文化的教化育人、塑德养志的作用。

1. 文化的扬弃选择

不论是传统文化还是西方文化，都要选择与时代相符的先进文化，批判地继承，不能走全盘否定或者全盘接受的极端。对于传统文化中的社会责任与担当文化、对义与利的取舍选择以及西方文化中的现代人文精神、人道主义思想，我们要合理吸收。任何优秀文化都可以成为社会和高校社会责任感培育的内容，丰富教育内容，增强大学生社会责任感的理论认知。

2. 严防西方文化思想的负面影响

西方文化中存在的享乐主义、拜金主义、极端个人主义等不良思想涌入国门后，对人们的思想产生了错误的引导和腐蚀，使人们出现自私、失信、享乐、不负责等不良行为。我们虽然不排斥、不对抗西方文化，但是对其文化中的不良思想要采取坚决的批判和鲜明的抵制，防止西方敌对势力通过文化渗透、影响和异化人民，同时挖掘和发扬民族精神文化精品，提高文化质量，增强国际竞争力，宣扬和传播我国先进的文化。

3. 政府要构建优秀传统文化传承体系

政府应注重对文物古建、非物质文化遗产、自然文化遗产、少数民族文化、古籍图书等的保护，将中华优秀文化的思想精髓赋予新时代的内涵，激发优秀传统文化的活力。可以通过开展传统节日、传统民族活动和传统文化的普及活动，做好生活与传统文化的结合，发挥传统文化的浸染作用。可以尝试传统文化进学校、进教材等，使传统文化进入国民教育体系，通过在学校开设课程和活动等方式，分阶段、分层次地进行优秀传统文化教育。

4. 借助网络新媒体发挥优秀传统文化的影响力

建构社会责任感文化宣传平台，吸引包括大学生在内的社会人参与到社会责任活动中，形成具有正确价值判断的思考体系，宣扬先进的社会责任感文化，就是促进高校学生对责任文化的价值认同，吸引学生更广泛地参与到社会活动中，承担社会责任，进一步促进学生的全面发展和社会的和谐稳定。

二、构建新型平台，营造社会舆论环境

社会舆论具有广泛性和外在约束性的基本特点，它承载着社会道德价值，因此，对有利于社会进步、符合基本道德原则的行为进行赞赏，对违背社会基本道德规范和损害集体利益的行为进行谴责，精准地对舆论进行引导对于价值观引导有着重要的作用，对公民的思想和行为会产生强大的力量。我们应发挥社会舆论的约束和监督作用，营造积极健康的社会舆论，强化大学生已有的社会责任行为，同时，严厉打击批评那些违背社会道德和损害社会规范的不负责行为。良好的社会舆论能够发挥示范作用，引导大学生走向思想正确行为端正，努力承担社会责任的价值选择道路。我们应加强舆论的正面引导，明确正确的思想导向，帮助学生认清自身在社会中应该承担的社会责任，将积极的心理暗示转化为实践行动，促进大学生社会责任感行为习惯有效养成。同时，社会舆

论要对大学生社会行为具有一定的包容性，对待错误不能舆论一边倒地批评指责，将这些缺点失误过分夸大化，打击大学生承担社会责任的积极性。我们要营造指正教育的舆论环境，让学生产生失责行为后有明确的改正方向，做到舆论引导教育的循序渐进。下面主要从榜样和媒体作用在发挥舆论的正确引导作用方面进行探讨。

（一）发挥媒体引导作用

我们应发挥媒体的积极作用，利用网络、报纸、电视节目扩大积极舆论的影响范围，给行为主体造成强大的心理压力，迫使行为主体做出符合社会公众舆论要求的道德行为。媒体不仅是社会意识形态的主要传播载体，也是社会大众接受价值熏陶的重要平台，对大学生社会责任感培育有着巨大的影响。媒体是一把利弊并存的双刃剑，很大程度上影响着大学生社会责任感的选择，因此在利用大众媒体引导大学生责任意识时，要注意发挥大众媒体的优势作用，传播正确的舆论，弘扬时代的主旋律，使大学生在网络媒体营造的健康氛围中增强社会责任感。

1. 发挥媒体正确的社会舆论导向

随着市场经济发展，功利化、物质化等思想也影响着媒体，电影、电视剧、艺术作品都有商业化和娱乐化的倾向，甚至新闻、重大社会事件都能被以娱乐的形式展现出来，对未涉入社会的大学生来说，这些势必影响他们思考社会问题的方式和处理社会问题的价值判断能力。大众传媒具有一种为公众设置"议事日程"的功能，大众传媒的新闻报道和信息传达活动以赋予各种"议题"不同程度的显著性的方式，影响着人们对周围世界的判断。

由此可见，大众媒体发挥正确的舆论导向作用，传播正确的价值观能够直接影响大学生的道德选择和评价标准，这就要求大众传媒要用科学的理论武装人的头脑，发扬社会主义核心价值观，对错误的价值观和行为进行严厉的抨击，为高校社会责任感培育营造良好的舆论氛围。

2. 提升媒体作品的教育意义

随着社会的发展，电视、网络、报纸等媒体得到了空前的发展，媒体作品也呈现出极大的繁荣。虽然一些媒体节目重复性大、娱乐性高，但真正的教育意义不大，在社会形成了一种浮躁的氛围，对社会舆论引导是极为不利的，因此，媒体要承担起自身的社会责任，增设一些关注社会热点、关注民生、分析社会热门事件、培育责任担当、宣扬道德典型的节目，适当减少娱乐性节目，提升作品的教育意义，保持《感动中国》《道德人物评选》等对社会责任宣扬的作品，将大学生社会责任感的教育范围扩大，形成良好的环境熏陶，给广大受众以正确舆论导向。

3. 做好网络媒体的净化

当今网络融入大学生的生活中，成为必不可少的一部分。学生对网络的依赖程度很高，网络成为他们获取信息、沟通交流、休闲娱乐的主要载体，网络影响和改变着学生的生活、学习及思维方式。网络中存在的失信利己、极端自由、黄色暴力等信息给大学生社会责任感培养增加了难度，因此，加强对网络媒体环境的肃清和净化显得尤为重要。

首先，要推进网络立法的进程。虚拟性特点导致诈骗赌博、盗取信息、传播黄色暴力信息等犯罪形式充斥着网络，由于网络作案手段的隐蔽性和复杂性，往往难以依据传统的法规进行裁定，而且网络发展迅速，很多新的犯罪和违法形式不断出现，急需要通过完善的立法来打击犯罪，使得网络环境中做到有法可依，违法必究，维护网络和谐。

其次，加强技术控制监督力度。对于网络上的不良信息做到追本溯源，运用科学技术加强网络安全，阻断不良信息的渗入，将其从根本上阻断，净化网络环境。

最后，倡导学生运用健康的上网方式，合理安排上网时间，树立自身网络道德，自觉维护网络安全，准确辨别网络信息，形成网络运用的良好氛围。

（二）发挥榜样示范作用

榜样示范是解决大学生社会责任感培育中过于强调道德理论知识教育和缺乏模仿对象问题的重要手段。榜样是人们模仿的对象，榜样教育的效果是通过向榜样学习而实现的，这种学习主要是靠大学生个人对榜样行为的模仿，从而转化为自觉、自愿、自发的自我行为。社会应为大学生社会责任感培育中提供正能量的榜样。通过效仿模范行为，大学生可以增强社会责任感。下面从榜样示范的对象、媒介和注意的问题三个方面详细阐述榜样示范的教育方式。

1. 确立榜样对象

第一，当代社会的先进人物。可以包括国家领导、改革创新者、英雄模范等，他们为社会的进步或某项事业发展做出了巨大的贡献，都是具有较强社会责任感的表率，比如一代伟人邓小平、航天英雄杨利伟、感动中国人物张丽莉老师和洪战辉等，这些先进人物展现了强大的道德力量，也向社会公众展示了自身

服务社会的神圣职责。从这些榜样身上，大学生可以学到勇于担当的爱国情怀、舍己为人的大爱精神等优秀品质，进而激发道德潜能，不断进取发展，承担社会责任。

第二，学生的老师和家长。教师和家长是与学生接触最多、最紧密的教育者，也是学生学习的最好榜样。父母作为学生的第一任教师，其关爱家庭、尽职社会、承担责任是学生最好的教科书。教师除了言传以外，还要通过身教来影响教育学生。教师勤劳敬业、勇于担当、道德高尚，可以引导学生明确使命任务，承担社会责任，"这些宝贵的东西，是通过同教育者亲身接触，而不是——至少主要不是——通过教科书传授给年青一代的"。

因此，我们的高校教师要不断提高自身的综合素养，用高标准严格要求自己，通过自己的言行举止对学生社会责任感培育形成潜移默化的影响。

第三，学生的朋辈榜样。大学生周围有很多优秀分子，可以成为他们学习的榜样，例如"自强之星""十佳大学生""三好学生""优秀共产党员"等朋辈获得者由于与大学生之间的生活环境和价值选择都比较贴近，可以激发大学生的社会责任感，促使其不断追求上进。

2. 榜样宣传的媒介

榜样要经过宣传才能让更多的人了解、认同，进而模仿和学习。宣传前要深入挖掘榜样的事迹，整理出利于别人学习的闪光点。要建立全方位的宣传渠道，传统和现代结合，既要有网络、移动终端、电视、报纸等现代方式，也要有条幅、展板、讲座等传统形式，更要有课堂教师讲授、课下思想政治工作介绍等形式，做到科学、合理运用各种宣传手段，使学生在社会、学校和家庭都能找到榜样。

3. 榜样教育中注意的问题

在选择榜样示范的方式时，要注意考虑学生这一群体的特殊性，他们有自己的价值选择和道德评判标准，在运用正面形象对学生进行社会责任感影响的同时，也可以适当选择一些反面形象，引导学生从这些反面形象中吸取教训，在自身的生活学习中避免相同事件的发生，提高自身履行社会责任感的意识。在榜样教育过程中，要鼓励学生运用辩证的思维评价这些榜样，不把榜样看作十全十美的完人，承认榜样有着自身的优缺点，把他们当作我们生活中最普通的人，学习他们的先进事迹，发扬他们的榜样精神，用尊敬爱护并勇于追求的心态来面对榜样。

三、建立责任机制，健全社会监督环境

（一）建立奖惩分明的社会责任机制

营造良好的社会责任感培育环境，离不开相关机制的建立健全。对于社会环境而言，不但要弘扬先进人物的先进事迹，宣传具有社会责任感的人，而且要严格惩戒破坏社会和谐稳定、失责失范的行为，这就要求社会建立奖罚分明的责任制度，严格执行，对于负责的行为加大宣传力度，发挥榜样示范的作用，对于先进行为可以进行表彰和奖励，带动更多的人履行自己的社会责任；对于失范行为要进行严厉的批评和谴责，必要时对当事人进行处分和经济罚款，以达到教育惩戒的目的，从而营造良好的社会责任感培育氛围，弘扬道德力量。

（二）强化社会责任评价监督机制

除了奖惩制度外，还应该形成相应的社会责任评价监督机制。一方面要建立一套科学、操作性强的社会评价机制，对学生的在校表现和责任承担的相关情况形成系统记录，并将这套评价体系放入学生个人档案中，在学生步入社会后相关单位继续完成责任行为评价，形成连续的评价监督机制；另一方面，在监督过程中也要形成相应的责任追究制度，使监督机制和舆论力量相互配合，加大对背弃社会责任行为的有效约束，真正做到有力的责任监督。

（三）完善社会责任行为的保障体制

大学生社会责任感培育需要完善社会责任行为的保障体制，有利于大学生积极主动地参与到社会责任活动中，因此，政府应当健全相关的法律制度或机制，营造社会公平的氛围。

法制不健全影响大学生社会责任感的承担，执法过程中也会产生一定的偏差，个人合法权益得不到及时有效保护，这类事件再经过媒体的传播与发酵，在一定程度上会挫伤大学生履行社会责任的积极性，我们应当把健全社会法制作为完善责任行为保障体制的重要任务。

面对一些社会事件中承担社会责任、乐于助人的群体得不到公平公正的对待，面对老人摔倒"扶不扶"的问题，人们只敢在有证人或者有摄像头的地方才敢表现出社会责任感，这也极大地影响了大学生履行社会责任时的态度和行动。社会应该为履行社会责任的经费、法律等保障，保证每个人在履行社会责任时没有后顾之忧，营造利于社会责任承担的氛围。

参考文献

[1] 田秀云，白臣. 当代社会责任伦理 [M]. 北京：人民出版社，2008.

[2] 杨晓华. 大学生社会责任感培育路径研究 [M]. 上海：上海交通大学出版社，2020.

[3] 魏海苓. 责任与担当：大学生社会责任感养成机制研究 [M]. 北京：知识产权出版社，2016.

[4] 况志华，叶浩生. 责任心理学 [M]. 上海：上海教育出版社，2008.

[5] 杨茹，丁云. 大学生社会责任感的内涵、理论基础及现实意义探析 [J]. 思想政治教育，2012（11）：107-110.

[6] 艾楚君，宋新. 大学生社会责任感生成机理及培育路径研究 [J]. 湖南科技大学学报（社会科学版），2017（01）：179-184.

[7] 王自华，许文婷，翟世川. 浅析网络时代大学生责任教育 [J]. 河北工业大学学报（社会科学版），2013（12）：49-52.

[8] 李良俊. 新媒体环境下大学生网络责任感的提升 [J]. 学校党建与思想教育，2015（9）：65-66.

[9] 刘飞. 当代大学生社会责任感研究［D］. 合肥：合肥工业大学，2006.

[10] 段思聪. 大学生社会责任感培育研究［D］. 天津：天津师范大学，2015.

[11] 吴媛. 当代大学生社会责任感培育的现状和对策研究［D］. 重庆：西南大学，2015.

[12] 余雷. 当代大学生社责任感弱化及其培育机制研究［D］. 北京：首都师范大学，2012.